U0653379

La condition postmoderne

棱镜精装人文译丛

主编　张一兵　周　宪

后现代状态

La condition postmoderne

(法)让－弗朗索瓦·利奥塔尔　著　车槿山　译

Jean-François Lyotard

南京大学出版社

图书在版编目（CIP）数据

后现代状态：关于知识的报告/（法）利奥塔尔著；车槿
山译.—南京：南京大学出版社，2011.9（2023.3 重印）
ISBN 978-7-305-08021-0

Ⅰ.①后…　Ⅱ.①利…　②车…　Ⅲ.①后现代主义
Ⅳ.①B089

中国版本图书馆 CIP 数据核字（2011）第 008353 号

Jean-François Lyotard
La condition postmoderne
Copyright © 1979 by Les Editions de Minuit
Simplified Chinese translation copyright © 2011—2018
by NJUP
All rights reserved

江苏省版权局著作权合同登记　图字：10-2007-243 号

出版发行　南京大学出版社
社　　址　南京市汉口路 22 号　　　　邮　编　210093
网　　址　http://www.NjupCo.com
出 版 人　金鑫荣
书　　名　后现代状态：关于知识的报告
著　　者　让-弗朗索瓦·利奥塔尔
译　　者　车槿山
责任编辑　苏珊玄
照　　排　南京紫藤制版印务中心
印　　刷　南京爱德印刷有限公司
开　　本　787×960　1/32　印张 7.625　字数 90 千
版　　次　2011 年 9 月第 1 版　2023 年 3 月第 4 次印刷
ISBN　978-7-305-08021-0
定　　价　50.00 元

发行热线　025-83594756
电子邮箱　Press@NjupCo.com
　　　　　Sales@NjupCo.com（市场部）

目　录

引　言

此书的研究对象是最发达社会中的知识状态。我们决定用"后现代"命名这种状态。这个词正在美洲大陆的社会学家和批评家的笔下流行，它指的是经历了各种变化的文化处境，这些变化从19世纪末就开始影响科学、文学和艺术的游戏规则了。在这里，我们将通过与叙事危机的比较来定位这些变化。

科学在起源时便与叙事发生冲突。用科学自身的标准衡量，大部分叙事其实只是寓言。然而，只要科学不想沦落到仅仅陈述实用规律的地步，只要它还寻求真理，它就必须使自己的游戏规则合法化，于是它制造出关于自身地位的合法化话语，这种话语就被叫做哲学。当这种元话语明确地求助于诸如精神辩证法、意义阐释学、理性主体或劳动主体的解放、财富的增长等某个大叙事时，我们便用"现代"一词指称这种依靠元话语使自身合法化的科学。例如，在理性精神可能形成一致意见这种观点中，具有真理价值的陈述在发话者和受话者之间建立共识这一规则被认为是可以接受的：这就是启蒙叙事。在这一叙事中，知识英雄为了高尚的伦理政治目的而奋斗，即为了宇宙的安宁而奋斗。我们可以通过此例看出，用一个包含历史哲学的元叙事来使知识合法化，这将使我们对支配社会关系的体制是否具备有效性产生疑问：这些体制也需要使自身合法化。因此正义同真理一样，也在依靠大叙事。

简化到极点，我们可以把对元叙事的怀疑看作是"后现代"。怀疑大概是科学进步的结果，但这种进步也以怀疑为前提。与合法化元叙述机制的衰落相对应，思辨哲学和从属于思辨哲学的大学体制出现了危机。 叙述功能失去了自己的功能装置：伟大的英雄、伟大的冒险、伟大的航程，以及伟大的目标。 它分解为叙述性语言元素的云团，但其中也有指示性语言元素、规定性语言元素、描写性语言元素等，每个云团都带着自己独特的语用学化合价。 我们大家都生活在许多语用学化合价的交叉路口。 我们并不一定构成稳定的语言组合，而且我们构成的语言组合也并不一定具有可交流的性质。

因此，正在到来的社会基本上不属于牛顿的人类学（如结构主义或系统理论），它更属于语言粒子的语用学。 语言游戏有许多不同的种类，这便是元素异质性。 语言游戏只以片段的方式建立体制，这便是局部决定论。

然而，决策者力图采用一种输入输出模式，按照一种包含元素可通约性和整体确定性的逻辑来管理这些社会性云团。 他们为了权力的增长而献出了我们的生活。 不论在社会正义问题

上，还是在科学真理问题上，权力的合法化都是
优化系统性能，即优化效率。在我们的全部游
戏中实施这一标准将带来某种或软或硬的恐怖：
你们应该成为可操作的，成为可通约的，否则就
消失吧。

这种最佳性能逻辑大概在许多方面都不一
致，尤其是造成了社会经济领域的矛盾：它既希
望劳动更少（以便降低生产成本），又希望劳动更
多（以便减轻社会对无业人口的负担）。但从今
以后怀疑变得如此强烈，以致我们不能再像马克
思一样指望在这些矛盾中出现一条拯救之路。

不过后现代状态与这种幻灭无关，也与非合
法化的盲目实证性无关。在元叙事之后，合法
性可能存在于什么地方呢？操作标准是技术性
的，它不适宜用来判断真理和正义。合法性是
否像哈贝马斯(J. Habermas)设想的那样存在于
通过讨论而达成的共识中呢？这种共识违背了语
言游戏的异质性。发明总是在分歧中产生。后
现代知识并不仅仅是政权的工具，它可以提高我

们对差异的敏感性，增强我们对不可通约的承受力。 它的根据不在专家的同构中，而在发明家的误构中。

这里展开的问题是：社会关系的合法化，公正的社会，是否可能依照一种类似科学活动的悖论来实现？这种悖论是什么？

下面的文章是应时之作。 它是应魁北克省政府大学委员会主席的要求而提交给该委员会的、关于最发达社会中的知识的报告。 主席先生还友好地允许这份报告在法国发表——我们对此表示感谢。

但报告人是哲学家，不是技术专家。 后者明白自己知道什么、不知道什么，而前者却不同。 一个人是在总结，另一个人是在发问，这是两种语言游戏。 它们在这里被混淆了，结果都进行得不好。

哲学家至少可以自我安慰地设想，在他之后，人们会对哲学和伦理政治学的某些合法化话

语作出语用学形式分析，这种分析也是此报告的
基础。 他已经用多少带有社会学色彩的方法对
此作了介绍，虽然篇幅短小，但确定了范围。

　　总之，我们将此报告题献给巴黎第八大学
（樊尚大学）哲学综合科技学院，在这个非常后现
代的时刻，这所大学有可能消失，而这所学院则
有可能诞生。

第一章

范围:信息化社会中的知识

我们的工作假设是：随着社会进入被称为后工业的年代以及文化进入被称为后现代的年代，知识改变了地位。[1]这种过渡最晚从 50 年代末就开始了，它对欧洲来说标志着重建的结束。 各个国家的过渡有快有慢，各个活动部门的过渡也有快有慢：因此很难写出完整的编年史，很难画出总表。[2]一部分描述只可能是臆测的。 但我们知道，过分信任未来学是不谨慎的。[3]

　　与其制定一张不可能完整的图表，我们不如从一个特征出发，它能立即确定我们的研究对象。 科学知识是一种话语。 我们可以说，40 年来的所谓尖端科技都和语言有关，如音位学与语言学理论[4]、交流问题与控制论[5]、现代代数与信息学[6]、计算机与计算机语言[7]、语言翻译问题与机器语言兼容性研究[8]、存储问题与数据库[9]、通信学与"智能"终端的建立[10]、悖论学[11]：以上是明显的证据，这还不是完整的清单。

　　这些科技变化似乎应该对知识产生巨大的影响。受到影响或即将受到影响的是知识的两个主要功能：研究与传递。关于第一个功能，遗传学提供了外行也能明白的一个例子：它的理论范式来自控制论。这样的例子还有很多。关于第二个功能，我们知道，由于各种仪器的标准化、微型化和商品化，知识的获取、整理、支配、利用等操作在今天已经发生了变化。[12]我们有理由认为，信息机器的增多正在影响并将继续影响知识的传播，就像早先人类交通方式（运输）的发展和后来音像流通方式（传媒）的发展曾经做的一样。[13]

　　在这种普遍的变化中，知识的性质不会依然

如故。　知识只有被转译为信息量[14]才能进入新的渠道，成为可操作的。　因此我们可以预料，一切构成知识的东西，如果不能这样转译，就会遭到遗弃，新的研究方向将服从潜在成果变为机器语言所需的可译性条件。　不论现在还是将来，知识的"生产者"和使用者都必须具备把他们试图发明或试图学习的东西转译到这些语言中去的手段。　关于翻译器的研究已经取得很大进展。[15]信息学霸权带来某种必然的逻辑，由此生出一整套规定，它们涉及的是那些被人当做"知识"而接受的陈述。

从此我们可以见到明显的知识外在化，这是相对于"知者"而言的，不论他处在认识过程的哪一点上。　以前那种知识的获取与精神、甚至与个人本身的形成（"教育"）密不可分的原则已经过时，而且将更加过时。　知识的供应者和使用者与知识的关系，越来越具有商品的生产者和消费者与商品的关系所具有的形式，即价值形式。　不论现在还是将来，知识为了出售而被生产，为了在新的生产中增殖而被消费：它在这两种情形中都是为了交换。它不再以自身为目的，它失去了自己的"使用价值"。[16]

我们知道，在最近几十年中，知识成为首要生产力[17]，这已经显著地改变了最发达国家的就业人口构成[18]，这对发展中国家来说也是最主要的薄弱环节。在后工业和后现代时期，科学将继续保持并且可能加强它在民族国家生产能力方面的重要性。由于这种形势，我们有理由认为，发达国家与发展中国家的差距还会不断增大。[19]

但这个方面不应该让人忘记与此互补的另一个方面。知识具有对生产能力而言必不可少的信息商品形式。它在世界权力竞争中已经是、并且将继续是一笔巨大的赌注，也许是最重要的赌注。因为民族国家曾经为了控制领土而开战，后来又为了控制原材料和廉价劳动力而开战，所以可以想象它们在将来会为了控制信息而开战。这样就为工业和商业战略、为军事和政治战略开拓了一个新的领域。[20]

　　不过，这里引出的观点并不像我们刚才说的那么简单，因为知识的唯利化不可能不触动现代民族国家在知识的生产和传播方面，过去掌握、现在仍然掌握的特权。知识从属于社会的"头脑"或"精神"，即从属于国家，这种思想将随着与此相反的另一种原则的巩固而过时。按照这种相反的原则，只有当社会中流通的信息十分丰富而且易于解译时，社会才能生存并获得发展。一种"交流透明性"的意识形态与知识的商品化一同出现，对这种意识形态而言，国家开始成为不透明性和"噪音"的制造者。从这个角度看，经济机构和国家机构之间的关系可能会出现新的尖锐问题。

　　在过去的几十年里，由于那些被统称为多国企业的资本流通新形式，经济机构已经使国家机构的稳定性陷入危险境地。这些资本流通新形式意味着，有关投资的决定至少部分地摆脱了民族国家的控制。[21]随着信息技术和通信技术的发

展，这一问题可能会变得更为棘手。例如，假
定一个类似国际商用机器公司的企业得到允许，
占用一条地球轨道场来放置通讯卫星和／或数据
卫星。谁将进入这些卫星？由谁规定禁止使用
的波道或数据？是国家吗？或者国家只是许多用
户中的一个？这样就出现了新的法律问题，而这
些问题又带来了如下的问题：谁将拥有知识？

　　因此，知识性质的改变将对执政当局产生一
种反作用，迫使当局重新考虑自己在法律上和在
事实上与大企业、更一般地说与市民社会的关
系。世界市场的重新开放、非常激烈的经济竞
争的重新开始、美国资本主义排他性霸权的消
失、社会主义抉择的没落、中国贸易市场的可能
开放，这一切以及其他许多因素已经在这个 70
年代末出现，促使国家认真审查自己从 30 年代
以来通常所起的作用，即保护与指导，甚至是计
划投资。[22]在这一背景中，各种新科技只可能增
强审查的紧迫性，因为它们使那些用于决策的数
据（即控制手段）变得更流动，更容易被窃取。

　　我们可以想象，知识不是根据自身的"构成"价值或政治(行政、外交、军事)重要性得到传播，而是被投入与货币相同的流通网络；关于知识的确切划分不再是"有知识"和"无知识"，而是像货币一样成为"用于支付的知识"和"用于投资的知识"，即一方面是为了维持日常生活(劳动力的恢复，"幸存")而用于交换的知识，另一方面是为了优化程序性能而用于信贷的知识。

　　在这种情况下，透明性和自由主义是相同的。自由主义并不妨碍在金钱的洪流中，一些钱用来决策，而另一些钱只适合用来还债。我们同样可以想象知识的洪流通过性质相同的渠道，但其中的一些知识是为"决策者"保留的，而另一些知识则用来偿还每个人在社会关系方面不断欠下的债务。

注释

1　图雷纳（A. Touraine）：《后工业社会》，德诺埃尔出版
　　社，1969 年；贝尔（D. Bell）：《后工业社会的来临》，纽
　　约，1973 年；哈桑（I. Hassan）：《俄耳甫斯的解体——
　　论后现代文学》，纽约，牛津大学出版社，1971 年；贝
　　纳姆（M. Benamou）和卡拉梅洛（Ch. Caramello）编《后现
　　代文化的表现》，威斯康辛，20 世纪研究中心出版社，
　　1977 年；柯勒（M. Köhler）：《后现代主义——概念史的
　　考察》，载《美国研究》第 22 期，1977 年。

2　比托尔（M. Butor）发表过与此有关的文学作品，现已成
　　为经典：《运动物体——展现美国的习作》，伽利玛出版
　　社，1962 年。

3　福尔斯（J. Fowles）编《期货研究手册》，韦斯特波特（康
　　涅狄格州），格林伍德出版社，1978 年。

4　特鲁别茨柯依（N. Troubetzkoy）：《音位学原理》，收入
　　《布拉格语言学学派作品集》第 7 卷，布拉格，
　　1939 年。

5　维纳（N. Wiener）：《控制论与社会》，波士顿，霍顿·米
　　弗林出版社，1949 年；阿什贝（W. R. Ashby）：《控制论

入门》,伦敦,查普曼-霍尔出版社,1956 年。

6 参见诺伊曼(J. von Neumann, 1903—1957)的著作。

7 贝莱尔(S. Bellert):《控制论系统的形式化》,收入《当代科学中的信息观念》,子夜出版社,1965 年。

8 穆南(G. Mounin):《翻译的理论问题》,伽利玛出版社,1963 年。 计算机革命始于 1965 年,那时出现了新一代的 360IBM 计算机,参见莫克(R. Moch)著《信息学的转折》,收入诺拉(P. Nora)和曼克(A. Minc)编《社会的信息化》(附录四《贡献性文件》),法国文献出版社,1978 年;阿什贝:《第二代微电子技术》,载《研究》第 2 期,1970 年 6 月,第 127 页以下。

9 戈德费尔南(C. L. Gaudfernan)和塔伊布(A. Taïb):《术语汇编》,收入《社会的信息化》,1978 年;贝卡(R. Beca):《数据库》,收入《社会的信息化》(附录一《新信息学和新增长》)。

10 儒瓦耶(L. Joyeux):《信息学先进技术》,收入《贡献性文件》。 家庭终端将在 1984 年前商业化,价格约为 1400 美元,参见国际资源发展报告《家庭终端》,康涅狄格州国际资源发展出版社,1979 年。

11 瓦 茨 拉 维 克(P. Watzlawick)、赫 尔 米 克 - 比 文

(J. Helmick-Beavin)和杰克逊(D. Jackson)：《人类交流语用学——对相互影响的模式、病理及悖论的研究》，纽约，1967 年。

12　经济及科技系统分析展望小组的特雷伊(J. M. Treille)宣称："我们没有多谈存储扩散的可能性，尤其是通过半导体和激光……不久每人都能在他需要的地方廉价地存储信息，而且还将拥有独立处理的能力"(《传媒周报》第 16 期，1979 年 2 月 15 日)。 根据国家科学基金会的调查，半数以上的中学生经常使用计算机，至80 年代初每个学校都将拥有一台计算机(《传媒周报》第 13 期，1979 年 1 月 25 日)。

13　布律内尔(L. Brunel)：《机器与人》，蒙特利尔，魁北克科学出版社，1978 年；米西卡(J. L. Missika)和沃尔顿(D. Wolton)：《思维网络》，技术资料书局，1978年。 魁北克与法国之间的图像会议正在变成一种习惯：1978 年 11—12 月，魁北克和蒙特利尔为一方，巴黎(北巴黎大学和蓬皮杜中心)为另一方，召开了第四轮直接图像会议(由"交响号"卫星传送)。 电子新闻是又一个例子：美国三大新闻网 ABC、NBC 和 CBS 在全世界大量增加了制作室，几乎所有突发事件当下都可以进行电子处理,并通过卫星传回美国。 只有设在莫斯科的办事处仍用胶片工作,工作人员先把胶片寄到法兰克福,然后再由卫星传送。 伦敦已经成为大"集散地"(《传媒周报》第 20 期,1979 年 3 月 15 日)。

14　信息单位是比特 (bit),其定义可参见戈德费尔南和塔伊布的《术语汇编》。 有关此问题的讨论可以参见托姆(R. Thom)的《语义学的普洛透斯——信息》,收入《形态发生的数学模式》,10/18 丛书,1974 年。信息转换成数码主要是为了避免歧义,参见瓦茨拉维克等人著《人类交流语用学》。

15　克雷格公司和莱克森公司宣布向市场投放微型翻译器,它由四个不同语言的组件构成,每个可存 1500 词。 韦德纳通讯系统股份有限公司生产一种"多语词汇处理器",它可将一个普通翻译器的能力从每小时 600 词提高到 2400 词,它有三个存储器:双语词典、同义词典和语法索引(《传媒周报》第 6 期,1978 年 12 月 6 日)。

16　哈贝马斯(J. Habermas):《知识与兴趣》,法兰克福,1968 年。

17 马克思在《政治经济学批判大纲》(1857—1858)中写道:"在人类作为社会团体存在时,生产和财富的基础……成为智慧,成为对自然的统治",以致"普遍的社会知识成为直接的生产力"。 不过,马克思承认,知识并不是"在形式中,而是像社会实践的直接器官一样"成为生产力,即像机器一样成为生产力:机器是"大脑的器官,是人类的双手用客观化的知识力量锻造出来的"。 参见马蒂克(P. Mattick)著《马克思与凯恩斯——混合经济的极限》(法文版),伽利玛出版社,1972 年。 有关此问题的讨论可以参见利奥塔尔的《异化在马克思主义转折中的位置》,收入《从马克思和弗洛伊德开始的偏航》,10/18 丛书,1973 年。

18 美国各类劳动力的构成在 20 年间(1950—1971)的变化如下(《统计摘要》,1971 年):

	1950	1971
工厂、服务业和农业工人	62.5%	51.4%
自由职业与技师	7.5%	14.2%
职员	30%	34%

19 因为"生产"一个高级技师或一个中级科学家所需时间比开采原材料和转移货币资本所需时间更长。 马蒂

克在 60 年代末估计，不发达国家的净投资率为国民生产总值的 3%—5%，发达国家为 10%—15%（《马克思与凯恩斯》，第 287 页）。

20 诺拉和曼克编《社会的信息化》（特别参见第 1 章："挑战"）；斯图尔泽（Y. Stourdzé）的《美国与通讯战争》，载《世界报》，1978 年 12 月 13—15 日。1979 年电信器材的世界市场价值是 300 亿美元，人们估计 10 年后将达到 680 亿美元（《传媒周报》第 19 期，1979 年 3 月 8 日）。

21 孔布雷（F. de Combret）：《工业的重组》，载《世界报》，1978 年 4 月；勒帕日（H. Lepage）：《明天的资本主义》，巴黎，1978 年；科塔（A. Cotta）：《法国与世界的迫切需要》，法国大学出版社，1978 年。

22 这里指的是"削弱行政管理"，达到"最低限度国家"。"福利国家"的没落是伴随着 1974 年开始的"危机"发生的。

第二章

问题：合法化

以上便是工作假设，它确定了我们准备提出的知识地位问题的范围。 这个剧本不追求新颖，甚至不追求真实，它与另一个题为"社会的信息化"的剧本相似，尽管后者是出于完全不同的意图而写的。 工作假设应该具有一种很强的区分能力。 虽然最发达社会的信息化的剧本有可能过分夸大某些方面的问题，但它可以在这些方面揭示知识的变化以及这些变化对公共权力和民间机构的影响，这些影响很难从其他角度察觉。 因此我们不应该给它一种相对于现实而言的预测价值，而应该给它一种相对于提出的问题而言的策略价值。

不过，这个剧本的可信性很大，从这个意义上说，这个假设的选择并不是随意的。专家们已经对它作了充分的描述[23]，政府行政部门和那些最直接相关的企业（例如经营电信的企业），在作出某些决定时也已经受它的指导了，因此它已经部分地成为可观察的现实。总之，如果我们排除一次萧条或一次普遍衰退的情况（例如长期缺乏解决世界能源问题的办法而造成的衰退），这个剧本就很可能会取胜：因为我们看不出当代科技有什么其他方向可以替代社会的信息化。

我们可以说这个假设是平庸的。但它之所以平庸，只是因为它没有质疑科技进步的普遍范式，这种范式似乎自然而然地带来了经济的增长和社会政治权力的发展。人们把科学知识的积累当成是不言而喻的事情，人们至多只是探讨这种积累的形式，一些人以为它是经常性的、持续的、同一的，另一些人则以为是周期性的、间断的、对抗的。[24]

这些明显的事实是骗人的假象。 首先,科学知识并不是全部的知识,它曾经是多余的,它总是处在与另一种知识的竞争和冲突中。 为了行文的方便,我们把后一种知识称为叙述性知识,它的特征将在后面得到说明。 这并不是说叙述性知识比科学知识更具优势,但叙述性知识的模式涉及内部平衡和界面友好[25]的观念。 与此相比,当代科学知识显得黯然失色,尤其是如果它必须接受比昨天更强烈的、相对于"知者"而言的外在化和相对于用户而言的异化,那就更是如此。 随之而来的研究者和教师的沮丧情绪是不可被忽略的。 我们知道,60 年代在所有最发达社会中,这种沮丧情绪通过那些准备将来从事上述职业的人,即通过大学生爆发出来,这使得那些没能避免传染的实验室和大学在这段时期明显降低了效率。[26]不论是现在还是过去,不论是希望还是畏惧——以前经常是这两种情况,都谈不到由此发生一场革命,后工业文明的进程不会一夜之间改变。 但评价科学知识在目前和将来的地位时，我们却不可能不考虑学者的疑惑这个重要因素。

其次，这个因素还涉及一个基本问题，即合法化问题。在这里"合法化"的词义比德国当代理论家在讨论权威问题时采用的词义更广泛。[27]假设有一条民法，它的陈述如下：某类公民必须完成某种行动。此处的合法化是一种过程，通过这种过程一个立法者得到允许来颁布这条作为规范的法律。假设有一条科学陈述，它的规则如下：一条陈述必须呈现某种集合的条件才能被认为是科学的。这里的合法化也是一种过程，通过这种过程一个处理科学话语的"立法者"得到允许来规定上述条件（通常包括内在一致性条件和实验可证性条件），以便让一条陈述成为这个话语的一部分，并且得到科学共同体的重视。

这样的对照可能显得牵强，我们将看到事实并非如此。自柏拉图开始，科学合法化的问题就与立法者合法化的问题密不可分了。从这个角度看,判断真理的权利与判断正义的权利是相互依存的,尽管这些陈述分别服从各自的权威,在性质上并不相同。 这种被称为科学的语言和另一种被称为伦理政治的语言之间有密切的联系,两者都来自同一个地方,或者说来自同一个"选择",它的名字叫西方。

通过考察科学知识目前的地位,我们可以发现,虽然科学知识似乎比过去任何时候都更依附于权力,虽然它可能会随着新技术的出现而成为权力冲突的最主要赌注之一,但双重合法化的问题不仅远没有淡化,而且必然会变得更加尖锐。因为这一问题是以它最完整的形式——转换的形式提出的,这种形式表明,知识和权力是同一个问题的两个方面:谁决定知识是什么? 谁知道应该决定什么? 在信息时代,知识的问题比过去任何时候都更是统治的问题。

注释

23 诺拉和曼克编《社会的信息化》(附录三《新信息学及

其使用者》)。

24　莱居耶(B. P. Lécuyer):《西方国家科学社会学的总结及展望》,收入《欧洲社会学档案》第 19 卷,1978 年,第 257—336 页。 其中关于盎格鲁-撒克逊思潮的资料十分丰富:梅尔东(R. Merton)学派的霸主地位一直保持到 70 年代初,由于库恩(Th. Kuhn)的驱逐现在已经消失;关于德国科学社会学的资料很少。

25　此术语由于伊利赫(I. Illich)而得到流传,参见《界面友好的工具》,纽约,哈珀-罗出版社,1973 年。

26　关于这种"沮丧情绪"可参见若贝尔(A. Jaubert)和列维-勒布隆(J. - M. Lévy - Leblond)编《科学的(自我)批评》第 1 章,瑟依出版社,1973 年。

27　哈贝马斯:《晚期资本主义中的合法化问题》,法兰克福,1973 年;法文版译为《理性与合理性》,帕约出版社,1978 年。

第三章

方法:语言游戏

通过上面的这个标题，人们可能已经发现，我们为了在设定的框架中分析问题而宁愿采用一种程序：这就是强调语言事实，而在这些事实中又强调它们的语用学方面。[28] 为了使下面的阅读更为容易，简要地介绍一下我们对"语言游戏"这一术语的理解是有益的。

一个指示性陈述[29]——例如在交谈或会话中所说的"大学有毛病了"，以特殊的方式定位它的发话者（说出陈述的人）、它的受话者（接收陈述的人）和它的指谓（陈述谈论的东西）：发话者被这个陈述安放并暴露在"知者"的位置上（他知道大学的状况），受话者被置于必须表明同意或反对的境地，指谓也被指示性陈述以特有的方式当成是某种要求得到正确认同和表达的东西。

　　如果我们察看一个声明——例如每年开学时院长或校长所说的"大学开学了"，我们就会发现上述各种确定全消失了。当然，这个陈述的意义应该得到理解，但这是一个普遍的交流条件，它并不能区分各种陈述或各种陈述特有的作用。这里的第二个陈述被人叫做"言有所为"[30]，其特点是它对指谓的影响和它的陈述行为同时发生：因为在这些条件中宣布大学开学了，所以大学才进入开学状态。这不需要受话者讨论，也不需要他验证，他立即就被放入这样创造出来的新语境中。至于发话者，他应该具有宣布此事的权威，但我们也可以反向描述这一条件：只要他通过说出这类陈述，对他的指谓（大学）和他的受话者（全体教师）产生我们刚才提到的即时影响，他就是院长或校长，就有权说出这类陈述。

不同的情况是如下的陈述:"给大学一些资助吧"。 这种类型的陈述是一些规定,它们可以变成命令、戒律、指令、建议、要求、祷告、乞求等等。 我们可以看出,这里的发话者处在广义的权威位置上(包括罪人面对一个自称仁慈的神时所拥有的权威),即他希望受话者采取指谓涉及的行动。 在规定性陈述语用学中,受话者和指谓这两个位置同时受到影响。[31]

提问、许诺、文学描写、叙述等还具有与此不同的效应,但我们略去不谈了。 当维特根斯坦(L. Wittgenstein)从零开始重新研究语言时,他把注意力集中在话语的作用上,他把通过这种方法找到的各种陈述(我们刚才列举了其中的几种)叫做语言游戏。[32]这一术语意味着,各种类型的陈述都应该能用一些规则确定,这些规则可以说明陈述的特性和用途;这和象棋游戏一模一样,象棋是由一组规则说明的,这些规则确定了棋子的特性,即移动棋子的恰当方法。

关于语言游戏,还有三个值得提出的注意事

项。 第一是它们的规则本身并没有合法化，但这些规则是明确或不明确地存在于游戏者之间的契约（这并不是说游戏者发明了规则）。 第二是没有规则便没有游戏[33]，即使稍微改变一条规则也将改变游戏的性质，一个不符合规则的"招数"或陈述不属于这些规则定义的游戏。 第三个意见刚才已经暗示出来了：任何陈述都应该被看成是游戏中使用的"招数"。

最后这个意见将导致我们承认第一个原则，它是我们整个方法的基础：说话就是斗争（意思是参加游戏），语言行为[34]属于一种普遍的竞技[35]。 这并不一定意味着人们为了赢才玩游戏，人们可以为了发明的快乐而玩一下：大众口语或文学所从事的语言骚扰工作中，除此之外又有什么呢？不断地发明句式、词汇和意义，这在言语层面上促进语言的发展，并且带来巨大的快乐。但即使是这样的快乐，大概也并非与成就感无关，这种成就感是因为至少战胜了一个势均力敌的对手而产生的，这个对手就是根深蒂固的语言，就是内涵[36]。

这种语言竞技的思想不应该掩盖第二个原则，它是前者的补充，并且支配着我们的分析：可观察的社会关系是由语言的"招数"构成的。我们弄清这个命题，就触及到了问题的关键。

注释

28　在皮尔士（Ch. A. Peirce）的影响下，莫里斯（Ch. W. Morris）在符号学中区分了语构学、语义学和语用学三个领域，参见《符号理论基础》，收入诺伊拉特（O. Neurath）、卡尔纳普（R. Carnap）和莫里斯编《国际统一科学百科全书》，1938 年，第 77—137 页。我们使用"语用学"这一概念时特别参考了以下著作：维特根斯坦（L. Wittgenstein）著《哲学研究》，1945 年；奥斯汀（J. Austin）著《论言有所为》，牛津，1962 年；希尔勒（J. R. Searle）著《语言行为》，剑桥大学出版社，1969 年；哈贝马斯著《论交流理论》，收入《社会理论或社会科技》，斯图加特，1971 年；迪克罗（O. Ducrot）著《说与不说》，赫尔曼出版社，1972 年；普兰（J. Poulain）著《走向交流的核语用学》，打字

稿，蒙特利尔大学，1977 年。 还可参见瓦茨拉维克等
人著《人类交流语用学》。

29　这里的 "dénotation"（指示、外延）与逻辑学家在传统
中使用的 "description"（描写）相等。 奎因（W. V.
Quine）用 "true of"（真的）代替 "指示"，参见《词与
物》（法文版），弗拉马里翁出版社，1977 年，第 140
页。 奥斯汀宁愿用 "constatif"（记录）代替 "描写"，
参见《论言有所为》，第 39 页。

30　在语言理论中，"performatif"（言有所为）由于奥斯汀
而有了明确的意义，我们以后将把它与"performance"
（性能）联系起来使用，现在常见的意义是指相对于输
入输出而言的可测效率。 这两个词义并非相互无关，
奥斯汀的 "言有所为" 实现最佳的 "性能"。

31　哈贝马斯对这种分类法做过分析（《论交流理论》），普
兰对他的分析提出异议（《走向交流的核语用学》）。

32　维特根斯坦：《哲学研究》，第 23 节。

33　诺伊曼和摩根斯顿（O. Morgenstern）写道："游戏是由
描述它的全部规则组成的"（《博弈论与经济行为》，
普林斯顿大学出版社，1944 年，第 49 页）。 这种表述
不符合维特根斯坦的思想，他认为不可能给游戏概念

下一个定义，因为定义已经是一种语言游戏了(《哲学研究》，第 65—84 节)。

34　此术语来自希尔勒:"语言行为是语言交流的最小基础单位"(《语言行为》，法文版，赫尔曼出版社，第 52 页)，我们在这里把它与争斗联系在一起，而不是与交流联系在一起。

35　竞技是赫拉克利特的本体论和智者的辩证法的起源，更不必谈最初的悲剧作家了。 在《论辩》和《智者的驳难》中，亚里士多德的辩证法思想有很大一部分是关于竞技的。 参见尼采的《荷马作品中的比武》，收入《五本未写之书的五篇前言》(法文版《尼采 1870—1873 年的遗作》，伽利玛出版社，1975 年，第 192—200 页)。

36　我们采用叶尔姆斯列夫(L. Hjelmslev)为"内涵"(connotation)确定的词义，参见《语言导论》(英文版)，麦迪逊，威斯康辛大学出版社，1963 年。 巴特(R. Barthes)也采用了这个词义，参见《符号学原理》，瑟依出版社，1966 年。

第四章

社会关系的性质：现代的抉择

如果我们想谈论当代最发达社会中的知识，先决问题是要确定我们在方法上对这个社会的描述。 简化到极点，我们可以说，至少在最近半个世纪中，对社会的描述基本上有两种模式：一种是社会构成一个功能整体，另一种是社会分为两个部分。 我们可以用帕森斯（T. Parsons，至少是战后的他）和他的学派解释前一种模式，用马克思主义思潮解释后一种模式（马克思主义思潮的各个流派，尽管差别很大，但都承认阶级斗争原理和社会对立统一辩证法）。[37]

　　这种确定两大类社会话语的方法论划分来源

于 19 世纪。 社会构成一个有机的整体，没有这个整体，社会就不再是一个社会（社会学也就没有对象了），这种观念支配了法国学派创始人的思想，并且随着功能主义的出现而变得明确起来。 当帕森斯在 50 年代把社会看成是一个自我调节系统时，上述观念表现出另一种趋势。 理论的、甚至具体的模式不再是有生命的机体了，它是由控制论提供的，控制论在二次世界大战期间和期末，大量应用了这种模式。

我们可以说，帕森斯的系统原理仍然是乐观主义的：它符合增长的经济和富裕的社会在温和的"福利国家"庇护下呈现的稳定。[38] 在今天的德国理论家眼中，"系统论"即使不是毫无希望的，也是技术官僚性质的，甚至是犬儒主义的：从此个人或群体的需求与系统的功能之间的和谐只是系统运转的附属因素。 系统的真正目的，它像智能机器一样自我编制程序的原因，是优化它的输入输出总比率，即它的性能。 甚至当它改变规则而带来革新时，甚至当诸如罢工、危

机、失业或政治革命等运转障碍可能让人相信一
种抉择而带来希望时，涉及的也仅仅是内部的重
新调整，其结果只能是改善系统的"生活"，因
为代替这种性能改善的唯一抉择是熵，即
衰退。[39]

　　在这里，我们不想陷入社会学理论的简单化
中，但很难不进行一番比较：一方面是这种关于
社会的技术官僚的"强硬"观点，另一方面是要
求最发达工业社会作出的苦行努力，即使这种要
求是以"激进自由主义"的名义提出来的，其目
的也是使这些社会在 60 年代重新开始的世界经
济大战中具有竞争力（因此需要优化它们的"合
理性"）。

　　从孔德（A. Comte）到卢曼（N. Luhmann）的
巨大思想转变中显露出一种相同的社会观念：社
会是一个统一的整体，一个"统一体"。帕森斯
清楚地这样表达："正确的动态分析所需的最关
键条件，是其中的'每个'问题都不断地、系统
地参照系统的状态，这个系统被看作是整体……

一个过程或一组条件不是有助于系统的存在（或发展），就是有损于系统的完整和效率，造成功能障碍。"[40]不过这也是那些"技术官僚"[41]的观念。 它的可信性就源于此：因为它有办法变为现实，所以也有办法出示自己的证据。 霍克海默（M. Horkheimer）将此称为理性的"偏执狂"。[42]

另外，只要占有或声称占有一个在原则上可以避开引力的观测位置，人们就能判定系统自我调节的实在论以及由各种事实和解释构成的、完全封闭的循环是偏执狂。 在社会理论中，这就是从马克思开始的阶级斗争原理的功能。

"传统"理论不断受到威胁，它可能被并入社会整体程序化中，成为优化社会整体性能的简单工具，因为它对统一的、整合的、真理的向往，符合系统管理者的统一的、整合的实践。"批判"理论[43]应该能够摆脱这种命运，因为它在原则上依靠二元论，不相信综合与调和。

因此，引导马克思主义的是另一种社会模式

（也是这个社会中可能产生的、我们可能获得的另一种知识功能观念）。 这一模式是在资本主义向传统的市民社会投资的斗争中诞生的。 我们不可能在这里描述这些斗争在一个多世纪的社会、政治和思想史中的曲折发展。 我们只想重提一下今天可能对此作出的总结，因为这些斗争的命运是众所周知的：在实行自由主义管理或激进自由主义管理的国家里，这些斗争和它们的机关变为系统的调节器；在共产主义国家里，整合模式和它的极权效应以马克思主义的名义重新出现，上述的斗争干脆放弃了存在的权利。[44] 不论在哪里，不论以什么名义，"政治经济学批判"（这是马克思的《资本论》的副标题）以及与此相关的、对异化社会的批判都被用来当做系统程序化中的因素了。[45]

当然，面对这种过程，批判模式在法兰克福学派或《社会主义或野蛮》[46]小组等一些少数派中被保留下来并变得精细了。 但我们不能掩盖如下事实：二分原理的社会基础，即阶级斗争，已经朦胧得失去了任何激进性，批判模式终于面临失去理论根据的危险，它可能沦为一种"乌托邦"，一种"希望"[47]，一种为了荣誉而以人的名义、理性的名义、创造性的名义或社会类别（如第三世界或青年学生）的名义提出来的抗议，这个社会类别在最后时刻被赋予批判主体的功能，但这样的功能从此将变得不大可能。[48]

　　上述图解性的（或者说骨架般的）回顾只是为了澄清相关的问题，我们将通过这些问题来定位先进工业社会中的知识。　因为，如果我们对知识所处的社会一无所知，我们就无法知道什么是知识，更无法知道它的发展和传播在今天遇到了什么问题。　要了解社会，在今天比过去任何时候都更需要首先选择向社会发问的方式。　这种方式也是社会在可能作出回答时采用的方式。我们只有判定社会是一台大机器[49]，才能判定知识的主要角色是充当社会运转不可缺少的因素，才能在知识问题上采取相应的行动。

　　相反，我们只有判定社会不是一个整体，判

定它仍然受到争议原则的纠缠,我们才能重视知识的批判功能,才能考虑把知识的发展和传播引往这个方向。[50] 抉择似乎很清楚了：社会内在的同质性或二重性,知识的功能主义或批判主义。但作出取舍似乎很难,或者说它将是任意的。

我们不想作出取舍,因此区分了两种知识：一种是实证主义的知识,它很容易应用在有关人和材料的技术中,很适合成为系统不可缺少的生产力；另一种是批判的、反思的或阐释的知识,它直接或间接地审视价值与目标,抵制任何"回收"。[51]

注释

37　参见帕森斯(T. Parsons)著《社会制度》(格伦科,自由出版社,1967 年)和《社会学理论与现代社会》(纽约,自由出版社,1967 年),其中列出了五十多页关于当代社会的马克思主义理论著作目录。 还可参见苏伊里(P. Souyri)著《马克思之后的马克思主义》(资料与批评书目),弗拉马里翁出版社,1970 年。 古德内

(A. W. Gouldner)对这两大社会理论思潮的冲突及其交错发表过有趣的见解，参见《西方社会学面临的危机》，伦敦，海涅曼出版社，1970 年。这种冲突在哈贝马斯的思想中占据着重要的位置，他的思想在继承法兰克福学派传统的同时，反对德国的社会系统理论，尤其反对卢曼的理论。

38　林德(R. Lynd)清楚地表达了这种乐观主义："在现代社会中，科学应该取代'陈旧不堪'的宗教，以便确定生活的目的"（《为什么需要知识》，普林斯顿大学出版社，1939 年，第 239 页）。霍克海默(M. Horkheimer)曾引用他的上述意见（《理性的衰落》，牛津大学出版社，1947 年）。

39　谢尔斯基(H. Schelsky)说："国家的最高权力不再通过垄断暴力或决定特别状态来表现，而是首先通过下述事实：它确定自己拥有的各种技术手段的有效程度，把最有效的技术手段留给自己，强迫别人接受这些技术手段的应用，自己却几乎可以不受限制。"这似乎不是一种系统理论，而是一种国家理论。但谢尔斯基补充说："由于工业文明，国家自身也接收约束，即手段决定目的。或者更准确地说，技术的可能性规定了人们对技术的应用"(《科学年代的人》,科隆,1961年,第24页)。 哈贝马斯反对这一法则,他认为,整体的技术手段和定向的理性行为系统从来都不是以自主的方式发展的(《科技进步的实际后果》,收入《理论与实践》,新维德,1963年)。 还可参见埃吕尔(J. Ellul)著《技术与本世纪的赌注》(巴黎,阿尔芒-科兰出版社,1954年)和《技术专家系统》(巴黎,卡尔曼-列维出版社,1977年)。 工会领导人勒万松(Ch. Levinson)明确宣称,罢工及劳动者组织的力量最终会对系统的性能造成有益的压力,他用这种压力解释美国工业在技术和管理上的进步。 维里厄(H. - F. de Virieu)曾引用这段话(《吉斯卡尔·德斯坦想干什么》,载《晨报》专号,1978年12月)。

40　帕森斯:《社会学纯理论与应用理论》,格伦科,自由出版社,1957年,第46—47页。

41　这里采用的是加尔布雷思(J. K. Galbraith)为"techno-structure"(技术结构)确定的词义(《新工业国家》,伽利玛出版社,1968年),或者说是阿隆(R. Aron)为"structure technico-bureaucratique"(技术官僚结构)确定的词义(《工业社会十八讲》,伽利玛出版社,

1962 年），而不是 "bureaucratie"（官僚）的词义。 官
僚一词更为 "生硬"，因为它既是社会政治的，也是经
济的，而且它最初来自工人反对派对布尔什维克政权
的批评，以及托洛茨基反对派对斯大林的批评。 关于
这点可以参见勒福尔（Cl. Lefort）著《官僚批判原理》
（此书中的批判扩展到了整个官僚社会），日内瓦，德
罗兹出版社，1971 年。

42　霍克海默：《理性的衰落》，第 183 页。

43　霍克海默：《传统理论与批判理论》，1937 年。 还可
　　参见法兰克福学派著作目录（截止于 1978 年），载《精
　　神》第 5 期，1978 年 5 月。

44　参见勒福尔著《官僚批判原理》和《一个多余的人》，
　　瑟依出版社，1976 年；卡斯托利亚迪（C. Castoriadis）
　　著《官僚社会》，10／18 丛书，1973 年。

45　例子可以参见加尼埃（J. P. Garnier）著《温和的马克思
　　主义》，槭树出版社，1979 年。

46　这是一个小组在 1949—1965 年间出版的 "批判与革命
　　方向机关报" 的报名，其主要编辑人员是博蒙（C. de
　　Beaumont）、布朗夏尔（D. Blanchard）、卡斯托利亚迪、
　　迪斯巴赫（S. de Diesbach）、勒福尔、利奥塔尔、马索

(A. Maso)、莫泰(D. Mothé)、萨莱尔(B. Sarrel)、西
蒙(P. Simon)和苏伊里（许多是假名）。

47　布洛赫(E. Bloch)著《希望的原理》，法兰克福，1967
　　年；罗莱编《布洛赫的空想马克思主义》，帕约出版
　　社，1976 年。

48　这里是影射关于阿尔及利亚战争、越南战争和 60 年代
　　学生运动草草收场的理论，施纳普(A. Schnapp)和维达
　　尔-纳凯(P. Vidal-Naquet)概述了这段历史，参见《学
　　生公社日记》，瑟依出版社，1969 年。

49　芒福德(L. Mumford)：《机器的神话——技术与人类发
　　展》，伦敦，塞克-瓦尔堡出版社，1967 年。

50　这两种假设之间的犹豫深深地影响了内莫(Ph. Nemo)
　　发出的要求知识分子加入系统的号召，参见《文人的
　　新责任》，载《世界报》，1978 年 9 月 8 日。

51　"Naturwissenschaft"（自然科学）和 "Geistwissens-
　　chaft"（人文科学）的理论对立最初来自狄尔泰
　　(W. Dilthey)，参见《精神世界》（法文版），奥比耶-蒙
　　泰涅出版社，1947 年。

第五章

社会关系的性质:后现代的视野

我们不采取这种折中办法，它试图化解抉择问题，但实际上只是再现这个问题。我们认为，相对于我们感兴趣的社会而言，这里的抉择不再是恰当的，它本身仍属于一种通过对立建构的思想，这种思想不符合后现代知识最富生命力的形态。科技的突变促进了资本主义现阶段的经济"复苏"，我们说过，这是与国家的功能转变同时发生的：这种综合征开始构成一个社会形象，它要求认真审查那些被描述成抉择的研究方法。总之，我们可以说，不论现在还是将来，调节功能以及由此而来的再生产功能都越来越脱离行政管理人员，越来越属于自动装置。 不论现在还是将来，重大的问题都是掌握这些自动装置存储的信息，以便作出正确的决定。 不论现在还是将来，掌握信息都是各种专家管辖的事情。 不论现在还是将来，领导阶级都是决策者构成的阶级，它已经不是传统的政治阶级了，而是一个混合的阶层，其中包括企业经理和高级官员，以及各大职业组织、工会组织、政治组织、宗教组织的领导。[52]

　　创新之处在于，以前那些由民族国家、党派、职业、机构和历史传统组成的引力极在这一背景中失去了引力，而且它们似乎不会被替代，至少在它们目前所处的范围内是如此。 三大陆委员会不是一个众望所归的引力极。"认同"伟大的名字和当代历史的英雄变得更为困难。[53]法国总统向同胞们提出的生活目标似乎是"赶上德国"，但这无法带来献身的激情，而且这也并非真的关系到生活目标。 生活目标由每人自己决定。 每人都返回自我，每人都知道这个"自我"是微不足道的。[54]

我们将在后面分析这种大叙事的崩溃，按照某些人的分析，这种崩溃造成了社会关系的瓦解和社会集体转向一种离散状态的过渡，个体原子被抛入荒谬的布朗运动。[55]其实并非如此。 在我们看来，上述的观点似乎是模糊的，因为它把一个失去的"有机"社会描绘成了乐园。

"自我"是微不足道的，但它并不孤立，它处在比过去任何时候都更复杂、更多变的关系网中。 不论青年人还是老年人、男人还是女人、富人还是穷人，都始终处在交流线路的一些"节点"上，尽管它们极其微小。[56]或者更应该说：处在不同性质的陈述经过的一些位置上。 即使是最倒霉的人，他也从没有丧失有关这些陈述的权利，这些陈述一边穿越他，一边确定他的位置，他或者是发话者，或者是受话者，或者是指谓。 因为，语言游戏（我们已经明白这里涉及的正是语言游戏）的效应带来的移位至少在某些限度内是允许的（而且这些限度也是模糊的），这种移位甚至是系统为了改善性能而进行的调节和修正造成的。 我们甚至可以说，系统应该促进这样的移位，因为系统要同自身的熵作斗争，因为一次出乎意料的"打击"和由此引起的一个对手或一群对手的移位等于创新，而创新可以给系统带来它不断要求并不断消耗的性能补充。[57]

我们在前面提出把语言游戏的方法当做普遍的研究方法，大家现在应该明白我们这样做时所处的视野了。 我们并不断言"一切"社会关系都属于这一范畴，这是悬而未决的问题。 但一方面，语言游戏是社会为了存在而需要的最低限度的关系，这点我们不用借助鲁滨逊的故事就能让人接受：仅仅因为人们给一个还没出世的婴儿起了名字，他就已经在周围的人叙述的历史中成为指谓了[58]，以后他必须通过与这种历史的关系来移位。 或者更简单地说：社会关系的问题，作为问题，是一种语言游戏，它是提问的语言游戏。 它立即确定提出问题的人、接收问题的人和问题的指谓：因此这个问题已经是社会关系了。

另一方面，交流成分既是现实，也是问题，这变得日益明显。[59] 在这样一个社会中语言问题必然获得新的重要性，将其降低为传统的抉择是肤浅的，不论这种抉择是操纵语言或信息单向传递，还是言论自由或对话。

关于最后这点还应该补充几句。如果我们只是简单地用交流理论的术语命名这个问题，我们就忘记了两件事情：首先，陈述可以分为指示性的、规定性的、评价性的、言有所为性的，等等，它们具有完全不同的形式和作用，它们显然并不仅仅是交流信息。如果我们把它们归结为这一种功能，我们的视野便不恰当地凸显了系统的视点和它自身的利益。因为传递信息的只是控制论机器，但它运转时不可能修改我们在程序化中设置的那些属于规定性陈述和评价性陈述之类的目标，例如它不可能修改性能最大限度化这一目标。然而，谁能保证性能最大限度化永远是社会系统的最佳目标呢？说到底，对这些陈述而言，特别是对这个问题而言，只有构成社会系统的"原子"才具备处理能力。

　　其次，信息理论在它的**通俗**控制论版本中忽略了一个关键问题，即我们**已经强调过**的竞技问题。 原子被放置在语用学关系的交叉点上，但它们也被穿越它们的陈述转移到一种永恒的运动中。 语言的每个对手在受到"打击"时，都会产生一种"移位"，一种变动，不论其性质如何，也不论他是受话者或指谓，还是发话者。这些"打击"必然带来"反击"，大家从经验中知道，如果这些反击仅仅是反应，它们就不"好"。 因为此时它们只是对手在策略中预计的结果，它们实现的是对手的策略，与改变各自力量对比这一目标背道而驰。 由此可见，重要的是必须加剧移位，甚至应该让这种移位迷失方向，以便给予一次出人意料的打击(一个新的陈述)。

　　为了以这种方式理解任何范围内的社会关系，我们不仅需要一种交流理论，而且需要一种游戏理论,它的先设包括了竞技。 我们已经看出,在这一语境中,要求的创新不是简单的"革新"。 我们可以在许多当代社会学家的著作中找到对这种研究方法的支持[60],何况还有语言学家和语言哲学家。

这种把社会变为灵活的语言游戏网络的"原子化"可能显得远离现代的现实,人们一般认为,由于官僚关节病,现代的现实是僵化的。[61]人们至少会以体制的影响为理由,说体制为游戏规定了一些界线,因此限制了对手在打击时的创造性。 但我们觉得这并不会造成什么特殊的困难。

在话语的日常应用中,例如在两个朋友的辩论中,交谈者千方百计地变换游戏,从一个陈述到另一个陈述:提问、请求、断言、叙事等都杂乱无章地投入战斗。 这场战斗并非没有规则[62],但它的规则允许并鼓励陈述的最大灵活性。

当然,从这个角度看,一个体制和一次辩论总是有差别的,因为体制需要额外的限制,以使陈述在体制的内部被宣布为是可以接受的。 这些限制像过滤器一样影响话语的潜能，阻碍交流网络上可能的连接：一些事情是不应该说的。而且这些限制让某些类别的陈述（有时只是一个类别的陈述）享有特权，这些陈述的主导地位构成了体制话语的特征：一些事情是应该说的，一些说话方式是应该采用的。 例如：军队中的命令陈述、教会中的祈祷陈述、学校中的指示陈述、家庭中的叙事陈述、哲学中的提问陈述、企业中的性能陈述……官僚化是这种倾向的极限。

不过，这种关于体制的假设仍然过于"笨拙"：它来自一种既定的"事物主义"观点。 我们今天已经知道，虽然体制设置界线来对抗语言的"打击"所具有的潜能，但这种界线从未建立起来（尽管它在形式上建立起来了）。[63] 应该说这种界线本身也是在体制内外实行的语言策略的临时结果和赌注。 例如：大学里是否可以给语言（诗学）的实验游戏保留一席之地？ 部长会议上是否可以讲故事？ 军营里是否可以请愿？ 答案很清楚:是的,如果大学开办创作室;是的,如果部长会议正在展望社会未来;是的,如果长官同意和士兵协商。 换句话说:是的,如果旧体制的各种界线已经移位。[64] 反过来说:只有在这些界线不再是赌注时它们才会固定下来。

我们相信,从这一思路开始探讨当代知识的体制问题是恰当的。

注释

52 法国计划署专员阿尔贝(M. Albert)写道:"计划署是政府的一个研究室。 它也是国家的一个大交叉路口,各种思想在这儿酝酿,各种观点在这儿较量,各种变化在这儿成形。 我们不应该是孤单的,别人应该启发我们"(《倾吐》,1978 年 11 月)。 关于决策问题可以参见加夫根(G. Gafgen)著《科学决策理论》(蒂宾根,1963 年)和斯费(L. Sfez)著《决策批评》(国家政治科学基金出版社,1976 年)。

53 我们从 20 年前开始看到那些象征革命的名字的没落,如斯大林、卡斯特罗,我们还可以想到水门事件后美国总统形象的裂痕。

54 这是穆齐尔(R. Musil)的中心论题(《没有个性的人》,
     汉堡,1930—1933 年)。 在一次自由评论中,布弗雷
     斯(J. Bouveresse)指出了"无依无靠的自我"这个主题
     与 20 世纪初的科学"危机"以及与马赫的认识论的亲
     缘关系,他说了如下的话:"鉴于科学的现状,一个人
     的构成仅仅是别人认为他是什么,在这个世界中,经
     历的事件独立于人而存在。 这是一个未来的世界,正
     在发生的事件没有发生在任何人身上,任何人都没有
     责任"(《〈没有个性的人〉中的主体问题》,载《西
     北风》,1978 年 12 月—1979 年 1 月,第 234—235
     页)。

55 波德里亚(J. Baudrillard):《沉默的多数派或社会的末
     日》,乌托邦出版社,1978 年。

56 这里采用的是系统论术语,例如内莫写道:"我们可以
     把社会想象成一个控制论意义上的系统。 这个系统是
     一个交流网络,它有一些交叉路口,信息在这里汇
     合,并且从这里重新发送出去"(《文人的新责任》)。

57 加尼埃举了一个例子:"杜日耶(H. Dougier)和布洛克-
     莱内(F. Bloch-Laîné)领导的社会改革信息中心的任务

是清理、分析、散发有关日常生活新经验的信息（如教育、卫生、司法、文化活动、城市规划和建筑等方面的信息）。 这座'选择实践'的数据库为计划署、社会活动秘书处、领土整治和区域行动代表团等国家机关提供服务，这些机关的任务是保证'市民社会'继续处于文明社会的状态"（《温和的马克思主义》，第93页）。

58　弗洛伊德特别强调这种形式的"命中注定"，参见罗贝尔（M. Robert）：《起源的小说与小说的起源》，格拉塞出版社，1972 年。

59　参见塞尔（M. Serres）的著作，特别是《海尔梅斯》第1—4 卷，子夜出版社，1969—1977 年。

60　例如戈弗曼（E. Goffman）著《日常生活中的自我表现》（爱丁堡，爱丁堡大学出版社，1956 年）、古德纳著《西方社会学面临的危机》、图雷纳著《噪音与目光》（瑟依出版社，1978 年）和《学生的斗争》（瑟依出版社，1978 年）、卡隆（M. Callon）著《技术社会学》（载《潘多拉》2 期，1979 年2 月，第28—32 页）以及瓦茨拉维克等人著《人类交流语用学》。

61　参见注41。"普遍的官僚化是现代社会的未来"这一观点是里齐(B. Rizzi)首先提出来的,参见《世界的官僚化》,巴黎,1939 年。

62 格里斯(H. Grice):《逻辑与交谈》,收入科尔(P. Cole)和摩根 (J. J. Morgan)编《语言行为之三——句法与语义》,纽约,学术出版社,1975 年,第59—82 页。

63 关于这个问题的现象学研究可以参见梅洛-庞蒂(M. Merleau-Ponty)的《课程摘要》,伽利玛出版社,1968 年;社会心理学研究可以参见卢罗(R. Loureau)的《体制分析》,子夜出版社,1970 年。

64 卡隆说:"社会学是一种运动,运动中的各个角色在社会和非社会之间、在技术和非技术之间、在想象和真实之间构筑并创建一些差异和界线:这些界线的走向是一个赌注,除了完全统治的情况,任何共识都是不可能实现的"(《技术社会学》,第30 页)。我们可以比较一下卡隆的社会学和图雷纳所说的"永久社会学"(《嗓音与目光》)。

第六章

叙述知识的语用学

最发达社会没有考察就接受了知识的工具观念，对此我们在前面（第一章）提出了两点异议。知识并不是科学，尤其在它的当代形式中不是科学；这种形式不仅不能掩盖知识的合法性问题，而且必然在社会政治和认识论的广阔范围内提出这个问题。我们首先确定一下"叙述"知识的性质，这种考察至少能够通过比较，让人更清楚地辨别当代社会中科学知识具有的某些形式特征，它也将有助于我们理解为什么今天要提出或不提出合法性问题。

一般地说，知识并不限于科学，甚至不限于

认识。 认识是全部指示或描写物体的陈述[65]，不包括其他陈述，属于认识的陈述可以用真或假判断。 科学则是认识的子集，它本身也由指示性陈述构成，但它为接受这些陈述规定了两个补充条件：一是这些陈述所涉及的物体可以重复得到，即这些物体处在明确的观察条件中；二是人们可以判断每一个这样的陈述是否属于专家们认定的相关语言。[66]

但人们使用知识一词时根本不是仅指全部指示性陈述，这个词中还掺杂着做事能力、处世能力、倾听能力等意义。 因此这里涉及的是一种能力，它超出了确定并实施唯一的真理标准这个范围，扩展到了其他的标准，如效率标准（技术资格）、正义和／或幸福标准（伦理智慧）、音美和色美标准（听觉和视觉），等等。 按照这种理解，所谓知识就是那个能让人说出"好的"指示性陈述的东西，但它也能让人说出"好的"规定性陈述、"好的"评价性陈述……它不是关于某一类陈述（例如认知性陈述）的能力，它不排除其他的陈述。 相反，它对话语的许多目的而言都具有"好的"性能：认识、决定、评价、改变……由此出现了它的一个主要特点：它与各种能力扩展而成的"建构"相吻合，它是在一个由各种能力构成的主体中体现的唯一的形式。

需要强调的另一个特点是，这种知识与习俗之间存在着相似性。 其实，什么是"好的"规定性陈述或评价性陈述呢？ 在指示性陈述或技术性陈述方面，什么是"好的"性能呢？ 前者和后者之所以被认为是"好的"，是因为它们符合"拥有知识"的对话者构成的群体所承认的那些相关标准（分别为正义、美、真理、效率等标准），最初的哲学家[67]把这样的陈述合法化方式称为公论。 这种共识界定了如上所说的知识，区分了有知识者和无知识者（外国人、儿童），构成了一个民族的文化[68]。

我们依据人种学的描述[69]，简短地回顾了可以作为建构和文化的知识。 但人类学和文学转向高速发展的社会时，发现这种知识至少在某些

领域中依然存在。[70] 甚至发展这一观念本身也先
设了一种不发展的视野，这种视野假定各种能力
全都笼罩在传统的统一体中，没有分解为不同的
品质，没有得到特殊的革新、讨论和检验。 这
种发展与不发展的对立并不一定意味着"原始
人"与"文明人"在知识状态中性质变化的对
立[71]，它没有违背"野蛮思维"和科学思维具有
相同的形式这种观点[72]，甚至也没有违背习俗知
识优于当代的分散能力这种观点[73]，尽管表面看
后一种观点与前一种观点正好相反。

　　我们可以说，不论观察者提出什么样的剧本
来戏剧性地理解这种习俗状态的知识和科学年代
的知识之间存在的差别，他们都承认一个事实，
这就是，在传统知识的表达中叙述形式占有主导
地位。 一些人对这种形式本身进行探讨[74]，另一
些人在其中看到了结构算符的历时性拼接，他们
认为正是这些结构算符构成了相关的知识[75]，还
有一些人对此作出了弗洛伊德式的"经济学"解
释[76]。 这里只需记住叙述形式就够了。 叙事是

这种知识最完美的形式，这有如下的几个意义。

　　首先，这些民间故事本身讲述的就是我们所说的正面或反面建构（"教育"），即英雄们的尝试获得的成功或遭到的失败。 这些成功或失败不是建立社会体制的合法性（神话功能），就是表现既定的体制（传说、童话）所具有的正反整合模式（幸福的英雄或不幸的英雄）。 因此，这些叙事一方面可以规定能力标准——这是叙事被讲述时所处的那个社会的标准，另一方面可以用这些标准来评价社会实现的或可能实现的性能。

　　其次，叙述形式不同于知识话语的发达形式，它自身接纳了多种多样的语言游戏：叙事中很容易加进指示性陈述（例如关于气候、季节、动物、植物的状况）、道义性陈述（它们规定相同的指谓或不同性别的亲属、儿童、邻居、外国人等应该做的事情）、疑问性陈述（例如挑战的插曲：回答一个问题、选择一样奖品）、评价性陈述，等等。 叙事带来或实施各种能力的标准，这些能力在叙事的紧密组织中相互结合，形成有序的排列，这就是这种知识的特点。

我们将比较详尽地考察第三个特性，它与这些叙事的传递有关。 叙述往往需要遵守一些规则，这些规则确定了叙事语用学。 这并不是说社会通过体制把叙述者的角色分配给某种年龄、某种性别、某个家族或某个职业群体。 我们想谈的是内在于叙事的民间叙事语用学。 例如，一个讲故事的卡希纳瓦人[77]总是用同样的程式开始他的叙述："下面是……故事，和我历来听到的一样。 现在轮到我来给你们讲了，听吧。"他结束故事的程式也是一成不变的："……故事在这儿结束了。 给你们讲这个故事的人是……（卡希纳瓦人名），听故事的白人是……（西班牙人名或葡萄牙人名）。"[78]

我们简略地分析一下这里的语用学双重说明就可以发现，叙述者声称自己只是因为曾经听过这个故事所以才获得了讲述它的能力。 实际的受述者通过听这个故事，也可能获得同样的权威。 叙事被宣布为是转述的（尽管叙述性能非常

有创造性)，而且"历来"都是转述的：叙事中的
主人公是卡希纳瓦人，因此他曾经也是同一个叙
事的受述者，也许还是叙述者。 由于条件相
似，实际的叙述者自己也可以像古人一样成为叙
事中的主人公。 其实他必然是主人公，因为他
有一个名字，他在叙述结束时说出了这个名字，
这个名字是按照典范叙事的要求授予他的，这种
叙事使卡希纳瓦姓氏的分配合法化了。

　　当然，这个例子所阐释的语用学规则是不可
能普遍化的[79]，但这种规则显示了传统知识普遍
具有的一种特性。 叙述"位置"(发话者、受话
者、主人公)是以如下方式安排的：占据发话者
位置的权利建立在双重事实的基础上，一是曾经
占据受话者位置，二是由于带有姓名而被一个叙
事讲述过，就是说曾经在其他叙述单位中处于故
事指谓的位置。[80]叙述所传递的知识并非仅仅涉
及陈述功能，它同时确定为了能被听见而应该说
的东西、为了能够说话而应该听的东西以及为了
能够成为叙事的对象而应该(在故事现实的场景

中)玩的东西。

　　因此，与这种知识相关的语言行为[81]不仅由发话者实现，而且也由受话者和被谈论的第三者实现。从这样一种机制中产生的知识与我们所说的"发达"知识相反，它可能显得非常"密集"。它让人清楚地看到，叙事的传统同时也是标准的传统，这些标准的传统界定了三种能力，即说话能力、倾听能力和做事能力，共同体与这些能力本身以及与这些能力所处的环境的关系在这里成为游戏。一组构成社会关系的语用学规则与叙事一起得到传递。

　　叙述知识的第四个方面值得认真研究，这里指的是它对时间的影响。叙述形式遵守一种节奏，它是一种音步和一种重音的综合，音步把时间分为均匀的段落，重音使某些段落的长度或幅度出现变化。[82]这种音乐振动特性在某些卡希纳瓦故事的演唱仪式中表现得十分清楚：这些故事处于秘典传授的状态，具有绝对固定的形式和被不规则的词句弄得十分晦涩的语言，最终成为没完没了的单调旋律。[83] 人们会说这是奇特的知识，它是唱给那些年轻人听的，但就连他们也听不懂。

然而，这是一种极其常见的知识，是儿歌具有的知识，是重复性音乐在今天试图再现或至少试图接近的知识。 它表现出一种惊人的特性：随着音步在说出或唱出的音响单位中逐渐取得对重音的优势，时间不再是记忆的基础，而成为一种远古的节拍，这些段落之间没有明显的差异，所以无法计量，注定要被遗忘。[84] 成语、谚语和格言很像潜在叙事的碎片或古代叙事的模具，它们仍然在当代社会建筑的某些层面上流传，如果我们考察它们的形式，我们就会在它们的韵律学中认出这种奇特的时间标志，它完全不符合我们的知识所具有的黄金法则：不要遗忘。

不过，在叙述知识的这种遗忘功能和我们前面提到的建构标准、统一能力、调节社会等功能之间应该存在一种迭合。 我们可以用简单化的想象方式作出如下的假设：与人们的预料完全相反，一个把叙事作为关键的能力形式的集体不需要回忆自己的过去。 它不仅可以在叙事的意义中找到自己的社会关系，而且也可以在叙述行为中找到自己的社会关系。 叙事的内容似乎属于过去，但事实上和这个行为永远是同时的。 正是现在的行为一次次地展开这种在"我曾听过"和"你将听到"之间延伸的短暂的时间性。

　　在这种叙述的语用学礼仪中，重要之处是这些礼仪凸显了叙事的所有单位在原则上具有的同一性。 情况也许往往不是这样，我们不应该掩饰这种对礼仪的尊重中所含有的幽默和恐慌。但无论如何，这里强调的是叙事中所有单位的音步节拍，而不是每个性能的重音差别。 因此我们可以说，这个时间性是逐渐消失的，同时也是古老得无法追忆的。[85]

　　最后，一种推崇叙述形式的文化，正如不需要回忆自己的过去一样，大概也不需要特殊的程序来批准自己的叙事。 我们很难想象如下三点：第一，这种文化为了让叙述者机制在叙事语用学中享有特权而把它从其他机制中分离出来；第二，它审查这个与受述者和故事失去联系的叙述者所具有的叙述权；第三，它分析或回顾自己的合法性。 我们更难想象它能把关于叙事的权威交给一个不可理解的叙述主体。 这些叙事本身就有这种权威。 从某种意义上说，人民只不过是那些使叙事现实化的人，他们的现实化方式不仅是讲述叙事，而且也是倾听叙事，同时也使自己被叙事讲述，总之在自己的体制中"玩"叙事：既让自己处在受述者和故事的位置上，也让自己处在叙述者的位置上。

因此，民间叙述语用学（它一开始便给予合法性）和这种众所周知的西方语言游戏（即合法性问题，或者说作为提问游戏指谓的合法性）之间存在着不可通约性。 我们已经看到，叙事确定能力的标准，并且／或者阐释标准的实施。 这样一来，叙事便界定了有权在文化中自我言说、自我成形的东西，而且因为叙事也是这种文化的一部分，所以就通过这种方式使自己合法化了。

注释

65　亚里士多德极大地限制了知识客体的范围："任何话语
　　都有某种意义，但话语并不都是指示性的，只有可以
　　判断真假的话语才是指示性的。 但并非在所有情况下
　　都能做到这一点：例如祈祷是一种话语，但它既不真
　　也不假"（《解释篇》）。

66　参见波普尔（K. Popper）：《探究的逻辑》，维也纳，
　　1935 年；《常态科学及其危险》，收入拉卡托斯（I.
　　Lakatos）和马斯格雷夫（A. Musgrave）编《批评与知识
　　增长》，（英国）剑桥大学出版社，1970 年。

67　参见博弗雷（J. Beaufret）：《巴门尼德的诗歌》，法国大
　　学出版社，1955 年。

68　此处仍采用 "Bildung"（教育、文化）的意义，即英语
　　的 "Culture"（文化），与文化主义的理解一致。 这个
　　词既是先浪漫主义的，也是浪漫主义的，参考黑格尔
　　的 "Volksgeist"（民族精神）。

69　参考美国文化主义学派：杜布瓦（C. DuBois）、卡迪纳
　　（A. Kardiner）、林顿（R. Linton）、米德（M. Mead）。

70　参考欧洲民俗学的建立，它与浪漫主义有关，是从 18

世纪末开始的，如格林兄弟(frères Grimm)的研究工作和卡拉迪克(V. Karadic)的研究工作(塞尔维亚民间故事)。

71　简而言之，这就是列维－布留尔(L. Lévy－Bruhl)的观点。参见《原始思维》，阿尔康出版社，1922年。

72　列维－斯特劳斯(Cl. Lévi－Strauss)：《野性思维》，普隆出版社，1962年。

73　若兰(R. Jaulin)：《白色的和平》，瑟依出版社，1970年。

74　普洛普(Vl. Propp)：《民间故事形态学》，载《国际语言学杂志》，第24期，1958年10月。

75　列维－斯特劳斯：《神话结构》，收入《结构人类学》，普隆出版社，1958年；《结构与形式——对普洛普的一本著作的思考》，载《应用经济科学学院手册》，第99期，1960年3月。

76　罗海姆(G. Roheim)：《精神分析与人类学》，纽约，1950年。

77　当斯(A. d'Ans)：《真正的人的故事》，10／18丛书，1978年。

78　同上，第7页。

79 我们采用这个例子是因为它贴着叙事传递的语用学"标签",人类学家细心地让我们知道了这一点,参见克拉斯特尔(P. Clastres)著《庄严的说话方式——瓜拉尼印第安人的神话与圣歌》,瑟依出版社,1974年。

80 关于采用语用学概念的叙述学,参见热奈特(G. Genette)著《辞格三》,瑟依出版社,1972年。

81 参见注34。

82 音步与重音之比造成节奏或打乱节奏,黑格尔在研究思辨问题时对此有深入的思考,参见《精神现象学》。

83 当斯好意地提供了这些资料,我在此对他表示感谢。

84 参见查尔(D. Charles):《噪音的时代》,德拉尔热出版社,1978年;阿弗龙(D. Avron):《音乐器官》,10/18丛书,1978年。

85 参见埃利亚德(M. Eliade):《永恒轮回的神话——原型与重复》,伽利玛出版社,1949年。

第七章

科学知识的语用学

我们准备按照科学知识的语用学在古典观念中显现的样子，简略地描述一下它的特征。 我们将区分研究游戏和教学游戏。

　　哥白尼宣称，行星的轨道是环形的。[86] 不论这个命题是真是假，它都包含了一组张力，每个张力都影响到它所涉及的语用学位置，即发话者、受话者和指谓。 这些"张力"是各种各样的规定，它们调节作为"科学"的陈述所具有的可接受性。

　　首先，假定发话者所说的关于指谓（行星的轨道）的话是真理。 这意味着什么呢？这意味着他被假定有能力为自己的话提出证据，也有能力驳斥所有关于这同一个指谓的相反或矛盾的陈述。

其次，假定受话者能够有效地同意（或拒绝）他所听到的陈述。 这意味着他自己也是一个可能的发话者，因为当他表明自己的赞同或分歧时，他和实际的发话者哥白尼一样，也必须服从证明和反驳的双重要求。 因此他被假定潜在地具备了发话者的各种品质：他和发话者地位相等。 但我们只是在他讲话的情况下才能知道这一点。 在此之前，他不会被称为学者。

第三，假定指谓（哥白尼谈论的行星轨道）被这个陈述以一种符合本来面貌的方式"表达"。但因为我们只能通过一些与哥白尼的陈述在性质上相同的陈述来了解指谓的面貌，所以一致规则就出现了问题：我说的是真实的，因为我能证明；但什么能证明我的证明是真实的呢？

这一难题的科学解决方法是遵守两条规则。第一条规则是辩证的，甚至是司法修辞的[87]：一切可以在辩论中作为证据提出来的理由都是指谓。　不是因为现实和我说的一样，所以我能证明；而是只要我能证明，就可以认为现实和我说的一样。[88]第二条规则是形而上学的：同一个指谓不可能提供几个矛盾的或不一致的证据，或者说："上帝"不是骗子。[89]

在这种双重规则上建立的一切，19 世纪的科学称之为证实，20 世纪的科学则称之为证伪。[90]这种双重规则可以为对话者（发话者和受话者）在辩论中开辟共识的视野。　并不是所有的共识都标志着真理，但人们假定，陈述的真理必然带来共识。

以上谈的是研究。　我们可以看出，研究需要教学，教学是研究必不可少的补充。　因为科学家需要一个能够成为发话者的受话者，即对话者。　否则，能力无法更新，最终将使辩论成为不可能，而没有辩论就不可能检验科学家的陈述。　这种辩论涉及的不仅是科学家陈述的真理，而且也是他自己的能力，因为能力从来都没有得到过一致确认，它取决于提出的陈述是否被讨论，这里的讨论是指在地位平等的人之间展开的一系列证明与反驳。因此，陈述的真理和陈述者的能力需要得到集体的赞同，这个集体是由在能力上平等的人构成的，所以必须培养平等的人。

教学保障这种再生产。它与辩证的研究游戏不同。简略地说，它的第一个先设是受话者（学生）不知道发话者知道的东西，其实正是因为这个缘故学生才需要学习。它的第二个先设是学生可以通过学习，成为和老师一样有能力的专家。[91] 这种双重要求意味着第三个先设：有这样一些陈述，为它们而进行的辩论和提出的证据（这构成研究的语用学）已经被认为足够了，因此它们可以作为无可置疑的真理通过教学原封不动地传递下去。

换句话说，讲授自己知道的东西，这样的人就是专家。但随着学生（教学的受话者）的能力得到改善，专家可以把自己不知道、但力求知道的东西告诉学生（如果这个专家同时也是一个研究者）。 这样学生就被带入研究者的辩证中，即科学知识的建构游戏中。

如果我们把这种语用学和叙述知识的语用学比较一下，我们就会发现如下的特征：

1. 科学知识要求分离一种语言游戏，即指示性陈述，并且排除其他的陈述。 一个陈述的可接受性标准是它的真理价值。 当然，我们在科学知识中也会遇到其他类别的陈述，如提问（怎样解释……）和规定（设有一个可数系列的元素……），但它们在辩证的推论中只起连接作用，这种推论的结果应该是一个指示性陈述。[92]因此，如果我们能够就一个指谓说出真实的陈述，我们就是（这个意义上的）学者；如果我们能够就一些只有专家才理解的指谓说出可证实或可证伪的陈述，我们就是科学家。

2. 科学知识就这样与其他那些组合起来构成社会关系的语言游戏分离了。 它不再像叙述知识那样是社会关系的一个直接因素，而是一个间接因素，因为它成为一种职业，带来一些机构，因为在现代社会中语言游戏是以机构的形式集中的，这些机构由一些有资格的对话者主持，即由那些专业人员主持。 知识与社会（就是说处在普遍竞技中的全体对话者，他们不是专业科技人员）的关系变得明显了。 这样就出现了一个新的问题：科学机构与社会的关系。 这个问题是否可以通过教学来解决呢？ 例如是否可以依据任何社会原子都能获得科学能力这一先设来解决呢？

3. 研究游戏中要求的能力只涉及陈述者的位置，对受话者的能力没有特殊要求（只有教学中才要求这种能力：学生应该聪明），对指谓的能力没有任何要求。 即使在人文科学中，虽然此时的指谓是人类行为的某个方面，但它与科学辩证的对话者相比，原则上仍然处于外在的位置。 这里就像在叙述知识中一样，没有必要把指谓当成知识所描述的人类行为。

4. 科学陈述不能从它被讲述这个事实本身

获得任何有效性。 即使对教学而言，只是因为科学陈述始终都可以用证据证实，所以它才被讲授。 它本身从来都无法避免"证伪"。[93] 因此，知识是以前得到承认的陈述积累而成的，但它总是可以被否定的。 相反，如果一个新的陈述与以前得到承认的关于同一个指谓的陈述相矛盾，它就必须用证据反驳以前的陈述，然后才可能被当做有效陈述而得到承认。

5. 因此，科学游戏意味着历时性，即一种记忆和一种设想。 人们假定，科学陈述的实际发话者了解过去关于这个指谓的各种陈述（著作目录），他之所以再次对同一个主题作出陈述，仅仅是因为这个陈述与过去的陈述不同。 与"音步"相比，我们以前谈到的每个性能的"重音"在这里享有特权，同时这种游戏的论战功能也享有特权。 这种历时性以储存记忆和追求创新为前提，它显示的基本上是一种积累过程。这种过程的"节奏"由重音与音步的关系构成，它是变化不定的。[94]

　　上述特征是众所周知的，但出于两个理由值得重提一下。 首先，科学与非科学知识（叙述知识）的对比可以让人明白，至少可以让人感到，前者的存在并不比后者的存在更必然，也并不更偶然。 两者都是由整体的陈述构成的，这些陈述都是游戏者在普遍规则的范围内使用的"招数"。 每一种知识都有自己的特殊规则，那些被认为正确的"招数"不可能在各处都相同，偶然情况除外。

　　因此，我们不能从科学知识出发来判断叙述知识的存在和价值，反过来做也不行：这两处的相关标准是不一样的。 说到底，我们也许只需赞叹话语种类的繁多就够了，就像赞叹动植物种类的繁多一样。 为后现代性中的"意义丧失"而悲哀，就是在惋惜主要知识不再是叙事了，这是不合逻辑的。 另一种操作也同样是不合逻辑的，即试图（通过发展之类的算符）从叙述知识中引出或生出科学知识，仿佛前者包含了处在萌芽状态的后者。

不过，和生物种类一样，语言种类相互之间也存在着关系，而且这些关系极不和谐。简略地重提科学语言游戏特征的另一个理由，恰巧就在于这个问题涉及科学与叙述知识的关系。我们说过，叙述知识并不重视自身合法化的问题，它通过传递的语用学，不借助辩论，也不提出证据，就使自己获得了信任。因此它不理解科学话语的问题，但又确实表现出一种宽容：起初它以为科学话语是叙述文化中的一个品种。[95]反过来则不一样。科学知识考察叙事陈述的有效性时发现，这些陈述从来没有经过论证。[96]科学知识把它们归入另一种由公论、习俗、权威、成见、无知、空想等构成的思想状态：野蛮、原始、不发达、落后、异化。叙事是一些寓言、神话、传说，只适合妇女和儿童。在最好的情况下，人们试图让光明照亮这种愚昧主义，使之变得文明，接受教育，得到发展。

这种不平等关系是每个游戏特有的规则造成的内在结果。我们了解这种关系的症状。它构成了自西方起源开始的整个文化帝国主义史。
认清这一历史的内容是很重要的，它使得西方有
别于其他地方：西方受到合法化要求的支配。

注释

86 这个例子借自弗雷格(G. Frege)：《论意义与参照》，收
入《哲学著作》（英文版），牛津，布莱克威尔出版
社，1960 年。

87 拉图尔(Br. Latour)：《科学话语修辞学》，载《社会科
学研究学报》第 13 期，1977 年 3 月。

88 巴什拉(G. Bachelard)：《新科学精神》，法国大学出版
社，1934 年。

89 笛卡尔：《形而上学的沉思》，1641 年。

90 例子可以参见亨佩尔(K. Hempel)著《自然科学哲
学》，恩格尔伍德（新泽西州），普伦蒂斯-霍尔出版
社，1966 年。

91 我们这里无法探讨这种双重先设引出的问题，参见德
孔布(V. Descombes)的《不由自主的潜意识》，子夜出
版社，1977 年。

92 这种见解掩盖了一个重要的难题，它也同样出现在对

叙述的考察中，即如何区别语言游戏和话语种类。我们这里不探讨这个问题。

93　参见注 90。

94　库恩：《科学革命的结构》，芝加哥大学出版社，1962 年。

95　我们可以参考儿童在最初的科学课上的态度，或土著人面对人类学家的解释时的反应，参见列维-斯特劳斯的《野性思维》第一章。

96　所以梅特罗（A. Métraux）对克拉斯特尔说："一个原始社会必须有点腐化，才能研究它。"因为提供资料的土著人必须用人类学家的目光考察这个社会，对自己提出体制的运转问题，即合法化问题。克拉斯特尔思考他在阿舍人部落遭到的失败时，总结说："因此，以同样的动作，阿舍人接受他们并不需要的礼品，却拒绝对话的尝试，他们相当强壮，不需要对话：当他们生病时我们也许就可以开始交谈了。"卡斯特里（M. Castry）曾引用上面这个例子，参见《克拉斯特尔》，载《自由》第 4 期，1978 年。

第八章

叙述功能与知识合法化

今天，合法化问题不再被看成是科学语言游戏中的一种缺陷了。更准确地说，它作为问题，即作为启发性动力，已经使自己合法化了。但这种换位处理的方式是最近才出现的。在达到这一阶段之前（即达到某些人称为实证主义的阶段之前），科学知识曾寻找过其他解决办法。值得注意的是，在很长一段时间里，这些解决办法都没能避免借用一些公开或非公开地从属于叙述知识的程序。

叙述知识在非叙述知识中的这种回归，不论采取的是什么形式，都不应该被认为永远过时了。　一个明显的证据：那些有了某种"发现"
而在电视或报纸上接受采访的科学家都做什么
呢？他们讲述一部由完全不是史诗的知识构成的
史诗。　这样他们就遵守了叙述游戏规则，这些
规则不仅在传媒的用户中保持着巨大的影响，而
且在科学家的内心深处也保持着巨大的影响。
这并不是一件平淡无奇的小事：它涉及科学知识
与"通俗"知识或残余的"通俗"知识的关系。
国家可以花费大量金钱促成科学能以史诗的面目
出现：国家通过史诗使自己变得可信，引起公众
的赞同，这是它的决策者所需要的。[97]

　　因此，我们不能否认，只要科学语言游戏希
望自己的陈述是真理，只要它无法依靠自身使这
种真理合法化，那么借助叙事就是不可避免的。
在这种情况下，也许应该承认，对历史的需要是
无法遏制的，这种需要就像我们已经简略描述的
那样，不应该被理解为需要回忆和设想（需要历
史性，需要"重音"），相反应该被理解为需要遗
忘，即需要"音步"（参见第六章）。

　　尽管如此，探讨这一问题还为时过早。但我们将在以后的论述过程中牢记如下的观点：那些关于合法化问题的、似乎过时的解决办法在原则上并没过时，它们只是在采用的表达方式上过时了，我们不应该因为看见它们今天以另外的形式继续存在而感到惊奇。我们自己此刻不是也需要拼凑西方科学知识的叙事以便确定这种知识的地位吗？

　　新的语言游戏从一开始就提出了自己的合法性问题：这便是柏拉图。这里没有必要注释《对话集》中有关的篇章，但正是在这本书中，科学语用学作为明确的主题或暗含的先设被建立起来了。对话游戏以其特有的要求概括了科学语用学，它自身包含了研究和教学这两个功能。我们可以在《对话集》中再次看到前面列举的某些规则：辩论的唯一目的是达成共识（"同构"）、指谓的单一性是可能取得一致意见的保证、对话者相互平等。我们甚至还可以看到间接地承认对话是一种游戏，而不是一种命运，因为所有不接受对话规则的人，不论是由于软弱还是由于粗俗，都将被排除在对话之外。[98]

不过，因为游戏自身的合法性问题具有科学性质，所以这个问题也应该属于对话中提出的那些问题。《理想国》卷六和卷七中有一个人尽皆知的例子，它一下子就把这个问题与社会政治权威的问题联系在了一起，因此特别重要。但我们知道，这一问题的答案，至少部分答案，是由一个叙事构成的，即那个洞穴比喻，它讲述了人们为何以及怎样需要叙事而不承认知识。知识就这样通过自己殉难的叙事建立起来了。

更有甚者：正是在柏拉图写的《对话集》的形式中，合法化的努力向叙事缴械投降了，因为自始至终，每一篇对话都具有科学讨论的叙事形式。尽管展现多于报告，表演多于叙述[99]，因此争辩的故事更像悲剧而不大像史诗，但这一切在此并不重要。事实上，柏拉图开创科学的话语并不科学，这正是因为他想使科学合法化。如果不求助于另一种知识——叙事，科学知识就无法知道也无法让人知道它是真正的知识；对科学来说，叙事是一种非知识。　但没有叙事，科学将被迫自我假设，这样它将陷入它所谴责的预期理由，即预先判断。　但它借用叙事就不会陷入这种错误吗？

　　我们这里不想沿着科学合法化话语的踪迹来追寻叙述知识在科学知识中的这种再现，古代、中世纪和古典的伟大哲学至少有一部分就是科学合法化话语。　这是一种持续的痛苦。　甚至笛卡尔这样坚定的思想家也只是在瓦莱里（P. Valéry）所说的心灵史[100]中或者在《方法谈》这样的"教育小说"中才能阐述科学合法性问题。　亚里士多德也许是最具现代意识的人之一，他区分了对规则的描述——被宣布为科学的陈述必须服从这些规则（《工具论》）和对规则合法性的研究——这是在关于存在的话语中进行的（《形而上学》）。　他还进一步提出，科学语言仅由辩论和证明构成，就是说由辩证构成，即使在它力图表现指谓的存在时也是如此。[101]

　　随着现代科学的发展，合法化问题中出现了两个新的因素。 首先，人们离开了对第一证据或先验权威的形而上学研究，以便回答如下的问题：怎样证明证据？或者回答更普遍的问题：谁决定真理的条件？人们意识到，真理的条件，即科学游戏的规则，是内在于这个游戏的，它们只能在一个自身已经是科学的辩论中建立，只要这些规则能让专家达成共识，它们就是好的，除此之外没有任何其他证据。

　　现代性的普遍倾向是用一个关于条件的话语来定义一个话语的条件，这种倾向与另一种倾向，即最早在文艺复兴时期的人文主义中，后来又以各种方式在启蒙运动、"狂飙突进运动"、德国唯心主义哲学以及法国历史学派中出现的（通俗）叙述文化恢复尊严的倾向是一致的。 叙事不再是合法化的失误。 在知识问题上明确地求助于叙事，这是伴随着资产阶级摆脱传统权威的束缚而发生的。 叙事知识重新回到西方，为新权威的合法化带来一种解决办法。 在各种叙述问题中，如下的问题理所当然地期待一个英雄的名字作出回答："谁"有权为社会作出决定？那个制定规则并强迫别人服从的主体是什么？

这种考查社会政治合法性的方法与新的科学态度是一致的：英雄的名字是人民，合法性的标志是共识，规范化的方式是协商。由此必然产生进步观念：它表现的仅仅是一种假设知识不断积累的运动，但这一运动扩展到了新的社会政治主体。如同学者共同体争论什么是真假，人民也在内部争论什么是正义和非正义；如同前者积累科学法则，后者也积累民法；如同前者借助自己的知识，通过生产新的"范式"来修改共识规则，后者也通过宪法条文来完善自己的共识规则。[102]

我们看到，这个"人民"与那个包含在传统叙述知识中的"人民"截然不同。我们说过，传统叙述知识不需要任何关于体制的协商、任何积累的进步、任何普遍性意图。现在的"人民"是科学知识的操作者。因此，毫不奇怪，通过"人民"实现的新合法化的代表将是大众传统知识的积极的摧毁者，而这些大众从此将被看成是少数派或潜在的分裂主义者，他们的命运只可能是蒙昧主义的。[103]

同样，我们可以设想，这个主体必然是抽象的（因为它是依照唯一的认识主体这种范式塑造的，即依照具有真理价值的指示性陈述的发话者——受话者这种范式塑造的，排除了其他的语言游戏），它的真实存在是悬挂在各种机构上的，它被认为在这里进行协商并作出决定，它包括整个国家或部分国家。这样，国家问题便与科学知识问题紧密联系起来了。

但我们也可以看出，这种联系不可能是简单的。因为"人民"就是民族，甚至是人类，他们不会仅满足于认识，尤其在政治体制中不会仅满足于认识；他们还要立法，即制定一些具有规范价值的规定。[104]因此他们不仅会在涉及真理的指示性陈述方面发挥自己的能力，而且会在追求正义的规定性陈述中发挥自己的能力。我们说过，这正是叙述知识的特性，即同时包含这两种能力，何况还有其他能力，叙述知识的概念就是从这种特性中产生的。

我们所谈论的合法化方式重新引进叙事作为知识的有效性，这一方式可以有两个发展方向，它或者把叙事主体表现为认知主体，或者表现为实践主体：或者是知识的英雄，或者是自由的英雄。由于这种抉择的存在，不仅合法化并非总有相同的意义，而且叙事本身也已经显得无力提供一个完整版本的合法化了。

注释

97　关于科学主义的意识形态，参见《幸存》第 9 期，1971
　　年 8—9 月。此杂志被重新收入若贝尔和列维-勒布隆
　　编《科学的（自我）批评》，第 51 页以下。我们可以在
　　这本文集后的图书目录中找到那些反对科学以任何形
　　式从属于制度的期刊和组织。

98　戈尔施米特（V. Goldschmidt）：《柏拉图对话集》，法国
　　大学出版社，1947 年。

99　这里的术语借自热奈特的《辞格三》。

100　瓦莱里(P. Valéry):《达·芬奇的方法导论》(1894
　　　年),伽利玛出版社,1957年。此书还收入了《玛吉
　　　莉亚》(1930年)、《笔记与废话》(1919年)、《达·芬
　　　奇与哲学家》(1929年)。

101　奥邦克(P. Aubenque):《亚里士多德著作中的存在问
　　　题》,法国大学出版社,1962年。

102　迪昂(P. Duhem):《从柏拉图到伽利略的物理学理论
　　　观念》,赫尔曼出版社,1908年;夸雷(A. Koyré):
　　　《伽利略研究》,赫尔曼出版社,1966年;库恩:《科
　　　学革命的结构》。

103　德塞托(M. de Certeau)、朱利亚(D. Julia)和勒韦尔
　　　(J. Revel):《一种语言政治——法国大革命与土话》,
　　　伽利玛出版社,1975年。

104　关于"规定"(prescriptions)与"规范"(normes)的区
　　　别,参见卡里诺夫斯基(G. Kalinowski)的《逻辑学的
　　　元语言——关于道义逻辑及其与规范逻辑的关系的思
　　　考》,载《工作资料》第48期,1975年11月,乌尔
　　　比诺大学。

第九章

知识合法化的叙事

我们将考察合法化叙事的两大版本，一个偏重于政治，另一个偏重于哲学，两者在现代历史中，尤其在知识和知识机构的历史中都非常重要。

一个合法化叙事的主体是人类，人类是自由的英雄。全体民众都有科学权。现在社会主体之所以还不是科学知识的主体，是因为受到神甫和暴君的阻碍。科学权应该重新夺回来。这一叙事主要指导初等教育政策，而不是有关大学和学院的政策，这一点很容易理解。[105]第三共和国的学校政策清楚地表明了这些先设。

至于高等教育，这个叙事似乎限制了它的范围。 人们一般认为，拿破仑在这方面采取的措施是为了提高行政工作能力和职业能力，这对国家的稳定来说是必不可少的。[106] 这里忽略了一点：在自由的叙事中，国家的合法性不是来自国家本身，而是来自人民。 帝国政治之所以要让高等教育机构成为培养国家干部（附带地也培养市民社会干部）的苗圃，是因为人们认为，通过这些人将来所从事的行政工作和职业，通过在民众中传播新知识，民族本身可以获得自由。 同样的推理对建立真正的科学机构来说就更合适了。 每当国家直接负责培养"人民"并使其走上进步之路时，我们都能看到国家求助于自由的叙事。[107]

在另一个合法化叙事中，科学、民族和国家之间的关系引出一种完全不同的构思。 这正是1807 至 1810 年间柏林大学成立时发生的事情[108]，它在 19 世纪和 20 世纪极大地影响了那些新兴国家的高等教育组织。

创建这所大学时，普鲁士内阁收到费希特（J. Fichte）的计划和施莱尔马赫（F. Schleiermacher）提出的观点相对的计划。 洪堡（W. von Humboldt）必须作出取舍，他选择了后者那种更为"自由"的意见。

读洪堡的论文时，我们可能会把他全部有关科学机构的政策简化为一条著名的原则："把科学当做科学来研究"。 如果真是这样，我们就误解了这一政策的目的，他的政策与施莱尔马赫更全面阐述的政策十分相似，而在施莱尔马赫的政策中占主导地位的是与我们有关的合法化原则。

洪堡坚定地宣称，科学服从自己特有的规则，科学机构"自我生存并且不断自我更新，没有任何束缚，也没有任何确定的目的"。 但他还补充说，大学应该把自己的材料，即科学，用于"民族精神和道德的培养"[109]。 这样的教育作用怎么可能来自一种对知识的非功利性研究呢？ 国家、民族乃至全人类不是对知识本身漠不关心吗？因为按照洪堡的证明，国家、民族以及全人类感兴趣的并不是知识，而是"特性和行动"。

因此教育大臣洪堡面临重大的冲突，它让人联想到康德的批判在认识和愿望之间造成的断裂。这是两种语言游戏的冲突：一种游戏是由仅属于真理标准范畴的指示性陈述构成的；另一种游戏则支配着伦理、社会和政治的实践，它必然包含一些决定和义务，即包含一些不必真实、但必须公正的陈述，这样的陈述归根结底不属于科学知识。

然而，对洪堡的计划所追求的教育来说，这两类话语的统一是必需的，这种教育不仅要让个人获得知识，而且还要为知识和社会建构充分合法的主体。因此洪堡乞灵于一个"精神"（费希特称之为"生命"），它由三重愿望构成，或者说由统一的三重愿望构成："一切都来自一个本原"——与它相对应的是科学活动；"一切都归于一个理想"——它支配伦理和社会的实践；

"这个本原和这个理想合为一个观念"——它保证科学中对真实原因的研究必然符合道德和政治生活中对公正目标的追求。 合法的主体在最后这种综合中建立起来了。

洪堡还顺便补充说，这三个愿望天然地属于"德意志民族的智力特性"[110]。 这是谨慎地承认另一个叙事，即承认知识的主体是人民这种思想。 其实，这种思想根本不符合德国唯心主义提出的知识合法化的叙事。 施莱尔马赫、洪堡，甚至黑格尔对国家的怀疑便表明了这点。施莱尔马赫之所以惧怕狭隘的民族主义、保护主义、功利主义以及在科学问题上指导当局的实证主义，是因为科学的本原并不存在于这些思潮中，甚至不是间接地存在于这些思潮中。 知识的主体不是人民，而是思辨精神。 它不像在大革命后的法国那样体现在一个国家中，而是体现在一个系统中。 合法化语言游戏不是政治国家性质的，而是哲学性质的。

大学需要履行的伟大职责是"展现全部知

识，既展现原理，也展现基础"，因为"没有思
辨精神，就不存在科学创造力"[111]。 在这里，
思辨是关于科学话语合法化的话语所具有的名
称。 学院是功能性质的，大学是思辨性质的，
即哲学性质的[112]。 这种哲学应该重建知识的统
一性，因为知识在实验室中，在大学前的教育中
已经分散为各种特殊的科学。 哲学只有在一种
语言游戏中才能做到这一点，这种语言游戏通过
一个叙事，或更准确地说通过一个理性的元叙
事，像连接精神生成中的各个时刻一样把分散的
知识相互连接起来。 以后黑格尔的《哲学全
书》(1817—1827 年)将力求满足这种整合设想，
但它已经在费希特和谢林(F. Schelling)的著作中
作为系统观念出现了。

人们正是在这里，在一个"生命"(它同时
也是"主体")的发展机制中注意到了叙述知识
的回归。 精神有一个普遍的"历史"，精神是
"生命"，这个"生命"自我展现、自我表达，
它采用的方法是把自己在经验科学中的所有形式

排列成有序的知识。 德国唯心主义的哲学全书讲述的就是这个主体—生命的"历史"。 但它制造出来的其实是一个元叙事，因为这个叙事的讲述者不可能是局限在自己的传统知识所特有的实证性中的人民，也不可能是局限在与自己的专业知识相对应的职业性中的全体学者。

这只可能是一个正在建立经验科学话语的合法性和民间文化机构的合法性的元主体。 它通过阐述这两种合法性的共同基础，实现它们没有明确说出的目标。 这个元主体的居住地是思辨的大学。 实证科学和人民只是它的雏形。 民族国家本身只有通过思辨知识的中介才能有效地表现人民。

这里有必要清理一下这种使柏林大学的创建合法化的哲学，它既是这所大学的发展动力，也是当代知识的发展动力。 我们说过，在 19 世纪和 20 世纪，许多国家曾把这种大学组织作为建立或改革高等教育的模式，这是从美国开始的。[113] 但更重要的是这种哲学对知识合法化问题的解决作出了特别生动的描述，它远没有消失，尤其是没有在大学界消失。[114]

这种哲学不以实用原则解释知识的研究和传播。 它根本不认为科学应该为国家和／或市民社会的利益服务。 它不关心人文主义原则，即人类通过知识达到尊严和自由这种原则。 德国唯心主义依靠的是一种元原则，这种元原则把知识、社会和国家的发展建立在实现"主体的生命"（费希特称之为"神圣的生命"，黑格尔称之为"精神的生命"）这一基础上。 从这个角度看，知识首先是在自身找到了合法性，正是它自己才能说出什么是国家，什么是社会。[115] 但它为了充当这一角色，必须改变自己所处的层面，即不再是关于自己的指谓（自然、社会、国家，等等）的实证知识，而成为关于这些知识的知识，即成为思辨的知识。 知识用"生命"、"精神"等名称命名的正是它自己。

思辨机制带来了一个值得注意的结果：在这种机制中，关于所有可能存在的指谓的所有知识话语都没有直接的真理价值，它们的价值取决于它们在"精神"或"生命"的进程中占据的位置，或者说取决于它们在思辨话语所讲述的哲学全书中占据的位置。 思辨话语在引述这些知识话语时，也在为自己阐述自己知道的东西，就是说也在自我阐述。 从这个角度看，真实的知识永远是一种由转引的陈述构成的间接知识，这些转引的陈述被并入某个主体的元叙事，这个元叙事保证了知识的合法性。

一切话语都是如此，即使它们不是知识话语，比如它们是法律话语或国家话语。 当代的解释学话语[116]就来自这种先设，这种先设最终保证了存在着需要认识的意义，这样它就使历史，尤其是知识的历史具有了合法性。 各种陈述成为自身的自义语[117]，它们被放入一种相互生成的运动中：这就是思辨语言游戏的规则。 大学就像它的名称所提示的那样，是这种游戏的专门机构。

但我们说过，合法性问题可以通过另一种程

序解决。 我们应该指出它们的差异：今天，当知识的地位失去平衡、它的思辨统一遭到破坏时，合法性的第一个版本却再次获得了新的活力。

在这个版本中，知识不能在自身找到有效性，它的有效性不在一个通过实现自己的认识可能性来获得发展的主体中，而在一个实践主体中，这个实践主体就是人类。 激励人民的运动本原不是自我合法化的知识，而是自我建立或自我管理的自由。 这个主体是一个具体的主体，或者说它被假定是一个具体的主体，它的史诗是自我解放的史诗，这是相对于一切阻碍它自治的事物而言的。 人们假设它为自己制定的法律是公正的，这不是因为法律符合某种外在的性质，而是因为根据宪法，立法者只不过是服从法律的公民，所以法律带来正义这种公民意志与正义带来法律这种立法者意志是一致的。

我们可以看出，这种通过意志自律[118]达到合法化的方式使一种完全不同的语言游戏有了特

权，即康德称之为"命令"而当代哲学家则称之
为"规定"的语言游戏。　重要的不是，或者说
不仅仅是让那些属于真理范畴的指示性陈述（例
如"地球围绕太阳旋转"）合法化，而是让那些
属于正义范畴的规定性陈述（例如"必须摧毁迦
太基"或"应该把最低工资定在 X 法郎上"）合
法化。　从这个角度看，实证知识的作用只是让
实践主体了解执行规定时所处的现实。　它限定
"可执行"——人们可以做的事情，但它不管
"应执行"——人们应该做的事情。　一个行动
是否可能，这是一回事；它是否公正则是另一回
事。　知识不再是主体，它服务于主体，它唯一
的合法性（但这个唯一的合法性很重要）就是让
道德有可能成为现实。

　　这样就导致了知识与社会以及国家之间一种
基本上从方法到目的的关系。　科学家只有认为
国家的政治（即国家的全部规定）是公正的，他
们才可能服从国家。　如果他们认为国家没有很
好地体现那个他们作为成员的市民社会，他们就

可能以后者的名义拒绝前者的规定。 这种类型的合法化承认他们作为实践者有权拒绝以学者的身份帮助一个他们认为不公正的政权，即一个不是以严格意义上的自律为基础的政权。 他们甚至可能用他们的科学来说明为什么这种自律其实并没有在社会和国家中实现。 这样我们就又见到了知识的批判功能。 不过知识的终极合法性毕竟只是为实践主体（即自律集体）所追求的目标服务。[119]

在我们看来，合法化操作中的这种角色分配是很有意思的，因为它与系统-主体的理论截然相反，意味着不可能在元话语中统一或整合各种语言游戏。 实践主体说出的规定性陈述在这里享有特权，这种特权使规定性陈述在原则上独立于科学陈述，对实践主体而言，科学陈述从此只具有信息功能。

两点评注：

1. 马克思主义曾摇摆于我们刚才描绘的这两种叙述合法化方式之间，证明这点是很容易的。"党"可以占据"大学"的位置，无产阶级占据人民或人类的位置，辩证唯物主义占据思辨唯心主义的位置，等等。 由此可以产生斯大林主义以及它与科学的特殊关系，科学只存在于元叙事的引述中，这个元叙事就是走向社会主义——精神生命的等价物。 但与此相反，马克思主义也可以按照第二个版本发展成为批判的知识，认为社会主义只不过是建立自律主体，对科学的一切辩护都是为了给予经验主体（无产阶级）各种相对于异化和压迫而言的解放手段：这大致就是法兰克福学派的立场。

2. 我们可以把海德格尔（M. Heidegger）1933 年 5 月 27 日就任弗莱堡大学校长时发表的《演讲》[120]当做合法化的一段不幸插曲来阅读。思辨科学在他那里变成了对存在的质疑。 存在是德意志人民的"命运"，德意志人民被称为"历史精神的人民"。 这一主体应该提供三种服务：劳动、防御和知识。 大学则保证提供这些服务的元知识，即科学。 因此合法化就像在唯心主义中一样，是通过一个被称为科学的元话语来完成的，这个元话语具有本体论意图，但它是提问性质的，不是整合性质的。 另外，它的安身之地是大学，但这种科学来源于人民，人民的"历史使命"是通过劳动、战斗以及获取知识来实现这种科学。 这个人民—主体的天职不是解放人类，而是创造自己"真正的精神世界"，即"保存自己的土地力量和鲜血力量的最深沉的潜能"。 为了使知识和知识机构合法化而把种族和劳动的叙事放入精神的叙事中，这种做法是双重不幸的：它在理论上不一致，但足以在政治语境中找到灾难性的反响。

注释

105　中学学业后的哲学班，以及哲学教学研究小组准备在中学第一阶段教授"一点哲学"的计划都显示了这种政治的迹象。 参见哲学教育研究小组的《降级的哲学》，收入《谁怕哲学》，巴黎，弗拉马里翁出版社，1977 年。 魁北克普通教育及职业专科学校的课程结构似乎也是按照这个方向制定的，尤其是哲学课程，参见《中学教育备忘录》（1975—1976 年）。

106　参见雅恩（H. Janne）：《大学与当代社会需求》，载《国际大学联合会手册》第 10 期，1970 年；大学研究委员会曾引用此文。参见《咨询文件》，蒙特利尔，1978 年。

107　我们可以在菲尔霍（J. de Mesquita Filho）那儿找到一种"强硬的"（几乎是神秘的、军事的）表达：《圣保罗大学哲学、科学、文学学院首届毕业典礼上的讲话》（1937 年 1 月 25 日），但也可以找到符合巴西发展现状的表达：《大学改革工作小组报告》（巴西利亚，教育部、文化部、计划部等，1968 年 8 月）。这些资料是巴西大学档案的一部分，圣保罗大学的尚利安（H. Chamlian）和德·卡瓦洛（M. de Carvalho）好意地把这些档案转给了我。我在此对她们表示感谢。

108　这些资料由于阿本苏尔（M. Abensour）和哲学学院的翻译工作，法语读者也可以看到了：《大学哲学——德国唯心主义与大学问题》，帕约出版社，1979 年。此书收入了谢林（F. Schelling）、费希特

(J. Fichte)、施莱尔马赫（F. Schleiermacher）、洪堡
（W. von Humboldt）和黑格尔的文章。

109 洪堡：《论柏林高级科学机构的内外组织》（1810
年），收入《大学哲学》，第 321 页。

110 同上，第 323 页。

111 施莱尔马赫：《关于德国观念的大学的思考》（1808
年），同上，第 270—271 页。

112 施莱尔马赫说："人们普遍承认哲学教学是大学一切
活动的基础"（同上，第 272 页）。

113 图雷纳分析了这种移植的矛盾。参见《美国的大学
与社会》，瑟依出版社，1972 年，第 32—40 页。

114 在尼斯贝特（R. Nisbet）的结论中可以感觉到这一
点，参见《学术教条的失落——1945—1970 年的美国
大学》（作者是加利福尼亚大学里弗塞德分校教授），
伦敦，海涅曼出版社，1971 年。

115 参见黑格尔：《法哲学原理》（法文版），伽利玛出版
社，1940 年。

116 利科（P. Ricoeur）：《解释的冲突——解释学论文
集》，巴黎，瑟依出版社，1969 年；伽达默尔
（H. Gadamer）：《真理与方法》（第二版），蒂宾

根，莫尔出版社，1965 年。

117 设有两个陈述：1. "月亮升起来了"；2. "'月亮升起来了'这个陈述是指示性陈述"。 我们说第二个陈述中的"月亮升起来了"这个意群是第一个陈述的自义语 （autonyme）。 参见雷伊－德博夫（J. Rey - Debove)著《元语言》第 4 章，罗贝尔出版社，1978年，第三部分。

118 至少在先验伦理学方面，这个原则是康德的。 参见《实践理性批判》。 在政治和经验伦理学方面，康德很谨慎，因为谁也不可能与先验的规范主体认同，所以与当局妥协在理论上是更可取的，例子可以参见《回答"什么是启蒙"这个问题》，收入《历史哲学》（法文版），奥比耶出版社，1943 年。

119 康德：《回答"什么是启蒙"这个问题》；哈贝马斯：《公共性的结构变化》，法兰克福，1962 年。"公共性"原则曾在 60 年代末指导了许多科学家组织，特别是"幸存运动"、美国的"科学家与工程师社会政治行动小组"和英国的"科学社会责任不列颠协会"。

120 海德格尔 （M. Heidegger) 的《演讲》由格拉内尔

(G. Granel) 译为法文，载《图卢兹-米拉依大学年鉴》增刊，图卢兹，1977 年 1 月。

第十章

非合法化

在当代社会和当代文化中，即在后工业社会和后现代文化中[121]，知识合法化的问题是以不同的术语提出来的。 大叙事失去了可信性，不论它采用什么统一方式：思辨的叙事或解放的叙事。

　　我们可以把叙事的这种没落看成是第二次世界大战以来科技飞跃的结果，这造成了从行为目的到行为方式的重心转移；或者我们可以把叙事的没落看成是激进的自由资本主义在 1930 年至 1960 年间经历了凯恩斯主义掩护下的退却之后重新发展的结果，这种复兴排除了共产主义的抉择，使个人在财产和服务方面得到更多的享受。

这些因果性研究总是让人失望的。如果我们接受这里的任何一个假设，我们就必须解释这些倾向与思辨大叙事和解放大叙事的统一化、合法化力量的没落有什么关联。

当然，资本主义的复兴繁荣以及技术令人困惑的突飞猛进这两个方面对知识地位的冲击是可以理解的。但为了理解当代科学如何在这些冲击发生之前就已经受到它们的影响，我们必须首先找出 19 世纪的大叙事固有的"非合法化"[122] 和虚无主义的萌芽。

首先，思辨机制对知识而言具有一种暧昧性。思辨机制表明，知识之所以被称为知识，只是因为它在一个使自己的陈述合法化的第二级话语（自义语）中引用这些陈述来自我重复（自我"提升"）。这也就是说，关于一个指谓（一个生命机体、一种化学性质、一种物理现象，等等）的指示性话语其实并不能直接知道自己以为知道的东西。实证科学不是一种知识，它的消失为思辨提供了养分。因此黑格尔承认，他的思辨叙事自身含有一种对实证知识的怀疑。[123]

科学没有找到自己的合法性就不是真正的科学。如果那种应该使科学合法化的话语本身看来也像"粗俗"的叙事一样属于一种前科学知识，科学便会降到最低的地位，即意识形态或权力工具的地位。这样的事情必然会发生，只要我们反过来用那些被合法化话语宣布为经验论的科学游戏规则对付这种话语本身。

设有如下的思辨陈述：如果而且只要一个科学陈述能把自己定位在一种普遍的生成过程中，它就是知识。这里相关的问题是：这个陈述本身按照自己确定的意义是不是一种知识呢？它只有把自己定位在一种普遍的生成过程中才是知识。它是可以做到这一点的。它只需先设这种过程是存在的（即精神的生命），而且它本身是这种过程的表达。这种先设甚至是思辨语言游戏不可缺少的。如果没有这种先设，合法化语言本身便不合法，它将和科学一起陷入无意义中，起码唯心主义就是这样认为的。

但我们也可以在完全不同的意义上理解这种先设，这将使我们更接近后现代文化：从我们在前面采纳的角度看，这种先设定义了参加思辨游戏时必须接受的一组规则。[124]这样的评价首先意味着人们承认"实证"科学的模式是知识语言的普遍模式，其次意味着人们认为这种知识语言包含了它必须不断阐释的一些先设（形式先设和公理先设）。换句话说，当尼采指出"欧洲虚无主义"是真理的科学性要求自我应用于这一要求本身而产生的结果时，他做的是同样的事情。[125]

这样就显露了下面要讨论的思想，它至少在此处离语言游戏的思想并不远。我们在这里看到了一场对非合法化的诉讼，它的动力是合法化要求。从 19 世纪末开始，科学知识的"危机"便表现出种种迹象，危机并不来自科学出乎意料的迅猛发展，这种发展本身也是技术进步和资本主义扩张的结果。危机来自知识合法性原则的内在侵蚀。这种侵蚀是在思辨游戏中进行的，正是它解开了应该定位每门科学的、百科全书般的巨网，使这些科学摆脱了束缚。

与此同时，各科学领域的传统界限重新受到质疑：一些学科消失了，学科之间的重叠出现了，由此产生了新的领域。知识的思辨等级制被一种内在的、几乎可以说是"平面"的研究网络所代替，研究的边界总在变动。过去的"院系"分裂为形形色色的研究所和基金会，大学丧失了自己的思辨合法化功能，被剥夺了研究的责任（它被思辨叙事扼杀了），仅满足于传递那些被认为可靠的知识，通过教学保障教师的复制，而不是学者的复制。尼采发现大学正是处于这种状态，所以加以谴责。[126]

至于说到另一个合法化程序，即来自"启蒙运动"的解放机制，它内在的侵蚀力量并不亚于那种在思辨话语中起作用的侵蚀力量，但它涉及的是另一个方面的问题。它的特征是把科学的合法性和真理建立在那些投身于伦理、社会和政治实践的对话者的自律上。不过我们已经看到，这种合法化一开始就有问题：一个具有认知价值的指示性陈述和一个具有实践价值的规定性陈述之间的差异是相关性的差异，因此是能力的差异。 没有什么能证明：如果一个描写现实的陈述是真实的，那么与它对应的规定性陈述（其作用必然是改变现实）就是公正的。

设有一扇关闭的门。 在"门关上了"和"请打开门"之间并没有命题逻辑意义上的推论关系，这两个陈述属于两组自律的规则，它们确定不同的相关性，因此确定不同的能力。 这里把理性分为两个方面，一个方面是认知或思辨、另一个方面是实践，这样做的结果便是攻击科学话语的合法性，不是直接攻击，而是间接攻击，它表明科学话语是一种语言游戏，这种语言游戏有自己的规则（康德的知识先验条件是关于这些规则的最早的概述），但完全没有管理实践游戏的使命（而且也不管理美学游戏）。 这样一来，科学话语就与其他话语地位平等了。

如果我们把这种"非合法化"稍微推进一

点，如果我们拓展它的范围，就像维特根斯坦以
他的方式所做的那样，或者像布贝尔
（M. Buber）和勒维纳斯（E. Lévinas）等思想家
以他们的方式所做的那样[127]，它便为一种重要的
后现代性思潮开辟了道路：科学玩的是自己的游
戏，它不能使其他语言游戏合法化，例如规定性
语言游戏就不受它的控制。但首先是科学不能
像思辨假设的那样使自己进一步合法化了。

　　社会主体本身似乎正在这种语言游戏的扩散
中瓦解。社会关系是语言性质的，但它并非仅
由一根纤维织成。这是一个至少由两类遵循不
同规则的语言游戏交织而成的结构，实际上语言
游戏的数目是不定的。维特根斯坦写道："我们
可以把我们的语言看作是一座古城：那儿有迷宫
般的小街道和小广场，有新旧房屋和历代扩建的
房屋，而且古城还被大片的新区环绕，新区有笔
直的街道，街道两旁是式样单一的建筑。"[128]为
了清楚地说明统一整合原则是不适用的，或者说
知识元话语权威下的综合原则是不适用的，他用

连锁推理的古老悖论诘问语言的"城市"："一座城市从多少房屋或街道开始成为一座城市？"[129]

新的语言补充旧的语言，旧城之外形成新的郊区，"化学符号系统和微积分标记法"[130]。三十五年过去了，我们可以在这里加上机器语言、游戏理论模型、新乐谱、非标准逻辑（时态逻辑、道义逻辑、模态逻辑）标记法、遗传密码语言、音位学结构图，等等。

我们可能从这种爆炸中得出悲观的印象：没人能使用所有这些语言，这些语言没有共同的元语言，系统-主体的设想是一个失败，解放的设想与科学毫无关系，我们陷入这种或那种特殊知识的实证主义，学者变成科学家，高产出的研究任务变成无人能全面控制的分散任务。[131]思辨哲学，或者说人文哲学，从此只好取消自己的合法化功能[132]，这解释了哲学为什么在它仍然企图承担合法化功能的地方陷入危机，以及为什么在它出于现实考虑而放弃合法化功能的地方降为逻辑学研究或思想史研究。[133]

　　这种悲观主义在世纪初的维也纳哺育了一代人：其中有文学家和艺术家穆齐尔（R. Musil）、克劳斯（K. Kraus）、霍夫曼斯塔尔（H. von Hofmannsthal）、洛斯（A. Loos）、勋伯格（A. Schönberg）、布洛赫（H. Broch），但也有哲学家马赫（E. Mach）和维特根斯坦[134]。这些人大概已经把非合法化的意识以及非合法化在理论和艺术上的责任带到了尽可能远的地方。今天我们可以说这种丧葬工作已经完成了，没有必要重新开始。维特根斯坦的力量在于：他虽然没有脱离维也纳学派所阐释的实证主义[135]，但在考察语言游戏时却勾勒出一种不以性能为基础的合法化视野。后现代世界正是处在这种视野中。大多数人已经失去了对失去的叙事的怀念本身。这绝不是说他们因此注定要走向野蛮。他们之所以避免了这种命运，是因为他们知道合法化只可能来自他们自己的语言实践和交流互动。面对着完全不同的信仰，"在胡子下暗自微笑"的科学让他们明白了现实主义的严酷和朴实。[136]

注释

121 参见注 1。 哈桑列举了后现代主义的某些科学特征，
参见《文化、不确定性与内在性——后现代的边
缘》，载《社会人文科学》第 1 期，1978 年冬，第
51—85 页。

122 缪勒（Cl. Mueller）曾使用"非合法化过程"这种说
法，参见《交流政治学》，纽约，牛津大学出版社，
1973 年，第 164 页。

123 在《精神现象学》前言中，黑格尔为了描述思辨冲动
对自然知识的影响而写道："犹豫之路……绝望之路
……怀疑论"。

124 我们将把这组规则的考察放到以后的一篇论文中，以
免这里的叙述过于沉重。

125 尼采：《欧洲虚无主义》、《虚无主义——正常的状
态》、《虚无主义批判》、《论规划》，收入《尼采批评
论著全集》第 7 卷（1887—1889 年），柏林，1970
年。 里吉克（K. Ryjik）曾评论过这些文章，参见
《尼采——海德手稿》，打印稿，巴黎八大哲学系。

126 《论我们的教育机构的未来》（1872 年），收入《尼采 1870—1873 年的遗著》（法文版），伽利玛出版社，1975 年。

127 布伯（M. Buber）：《我与你》（奥比耶出版社，1938年），《对话的生命》（苏黎世，1947 年）；勒维纳斯（E. Lévinas）：《整体与无限》（海牙，1961 年），《布伯与认识论》，收入《20 世纪哲学》（斯图加特，1963 年）。

128 维特根斯坦：《哲学研究》，第 18 节。

129 同上。

130 同上。

131 例子可以参见《研究的泰罗制化》，收入《科学的（自我）批评》，第 291—293 页；尤其可以参见普赖斯（D. J. de Solla Price）的《小科学与大科学》（纽约，哥伦比亚大学出版社，1963 年）：书中强调了一小群高产（按发表著作计算）研究者和一大群低产研究者之间的区分，后者以前者的平方数字增长，以致高产研究者的数量要间隔 20 年才真的有所增长。普赖斯总结说，科学作为社会实体是"非民主的"（第59 页），"杰出的科学家"比"最差的科学家"先进了 100 年（第 56 页）。

132　参见德桑蒂（J. T. Desanti）：《论科学与哲学的传统
　　　关系》，收入《沉默的哲学或科学哲学批判》，瑟依
　　　出版社，1975 年。

133　在这点上，大学哲学在所有人文科学中的重新定位是
　　　很重要的，它远远超出了职业的考虑。我们不认为
　　　从事合法化工作的哲学必然灭亡，但它可能只有通过
　　　改变它与大学体制的关系才能完成这项工作，至少是
　　　推动这项工作。关于这个问题可以参见《哲学综合
　　　科技学院规划》前言，巴黎八大哲学系，1979 年。

134　参见雅尼克（A. Janik）和图尔明（St. Toulmin）著
　　　《维特根斯坦的维也纳》，纽约，西蒙-舒斯特出版
　　　社，1973 年；彼尔（J. Piel）编《世纪初的维也纳》，
　　　载于《批评》，1975 年 8—9 月，第 339—340 页。

135　参见哈贝马斯：《教条主义、理性与决策——科学化
　　　文明中的理论与实践》（1963 年），收入《理论与实
　　　践》，第 95 页。

136　"科学在胡子下暗自微笑"是穆齐尔的《没有个性的
　　　人》中一章的标题，布弗雷斯曾引用并加以评论，参
　　　见《〈没有个性的人〉中的主体问题》。

第十一章

研究与通过性能达到的合法化

让我们回到科学上来,并且首先考察一下研究的语用学。 今天,这种语用学在基本的调整中受到两大变化的影响:论证的丰富化和举证的复杂化。

亚里士多德、笛卡尔、密尔 (S. Mill) 以及另外一些人都曾力图确定一个具有指示价值的陈述得到受话者的赞同所需的规则。[137]科学研究不太看重这些方法。 我们说过,科学研究可以使用,而且也正在使用某些语言,但语言的论证特性似乎蔑视经典著作中的理性。 巴什拉 (G. Bachelard) 对此作过总结,但这个总结现在已经不够全面了。[138]

　　然而，这些语言的使用并不是任意的。 它必须服从一个条件，我们可以称之为语用学条件，即它必须制定自己的规则并要求受话者承认这些规则。 我们满足了这一条件，也就定义了一个公理系统，这个系统包括：在提出的语言中采纳的符号定义、这种语言为了能被接受而必须遵守的表达形式（即正确的表达），以及可以在这些表达上实施的操作，这些操作是由严格意义上的公理确定的。[139]

　　但我们怎样知道一个公理系统包括或应该包括哪些东西呢？ 我们刚才列举了形式条件。 应该有一种元语言，它可以确定一种语言是否满足了公理系统的形式条件：这种元语言就是逻辑元语言。

　　这里有必要顺便说明一点。 我们是从确定公理系统开始的，然后再得出可以被这一系统接受的陈述；相反，科学家是从确定事实、陈述事实开始的，然后再力求发现陈述事实时使用的语

言公理系统。　这里并不是逻辑的抉择，而只是
经验的抉择。　这种抉择对研究者和哲学家来说
非常重要，但这两种情形中都会出现陈述有效性
的问题。[140]

　　对合法化而言更为贴切的问题是：逻辑学家
通过什么标准确定一个公理系统所要求的特性？
是否存在一种科学语言的模式？　这种模式是不
是唯一的？　它是不是可检验的？　一个形式系统
的句法通常所要求的特性[141]有一致性（例如，对
否定式而言，不一致的系统会在其内部同时接纳
一个命题和它的反命题）、完备性（如果增加一
个公理，系统就会失去一致性）、可判定性（可
以判定一个命题是否属于系统的有效方法），以
及各公理相互之间的独立性。　但哥德尔
（K. Gödel）明确指出，算术系统中存在着一种
在系统内既无法证明也无法证伪的命题，这意味
着算术系统不能满足完备性条件。[142]

　　因为人们可能会把这种完备性普遍化，所以
应该认识到各种形式主义都有内在的限制。[143]这

些限制表明，对逻辑学家来说，用来描述人工语言（公理系统）的元语言是"自然语言"或"日常语言"，这种语言是普遍的，因为所有其他语言都可以转译成这种语言，但它对否定式而言是不一致的：它可能形成悖论。[144]

因此，知识合法化的问题以另一种方式出现。当人们宣布一个指示性陈述为真时，人们的先设是一个可以判断并证明指示性陈述的公理系统已经建立了，而且对话者了解并接受这个系统，认为它在形式上达到了尽可能令人满意的程度。例如布尔巴基（N. Bourbaki）小组的数学就是在这种思想中发展起来的。[145]其他科学中也可以观察到类似的情况：这些科学的地位取决于一种语言的存在，这种语言的运作规则本身并不能得到证明，但它们是专家之间达成的共识。这些规则实际上是一些要求，至少其中一部分是如此，而要求是一种形态的规定。

这样，为了让人接受一个科学陈述而进行的论证，要求人们"首先"接受（事实上根据循环

性原则，这种接受在不断地重新开始）那些确定
论证方法的规则。 由此出现了这种知识的两个
显著特征：一是它在方法上的灵活性，即它在语
言上的多样性；二是它的语用学游戏性质，游戏
中采用的"招数"（引入的新命题）的可接受性
取决于对话者之间建立的契约。 由此也出现了
知识中两种"进步"的差异：一种对应于既定规
则范围内的新招数（新论证），另一种对应于新
规则的发明，即对应于游戏的改变。[146]

　　显然，理性观念发生的重大变化是与这种新
机制相吻合的。 能够论证指示性陈述的形式公
理系统的多元性原则代替了普遍元语言的原则，
描述这些系统的元语言是普遍的，但也是不一致
的。 在古典和现代科学知识中被当做悖论、甚
至被当做谬论的一切都可以在这样的系统中找到
新的信心和力量，并得到专家共同体的认可。[147]
我们此处采用的语言游戏方法在一定程度上就来
源于这种思潮。

　　我们现在通过研究的另一个重要方面进入完

全不同的另一个方向，它涉及举证的问题。 原
则上讲，举证是为了让人接受一个新的陈述（如
同司法修辞中的人证或物证）而进行的论证的一
部分。[148]但举证带来了一个特殊的问题：指谓
（"现实"）受到传唤，出现在科学家的辩
论中。

我们曾经说过，证据问题有问题，因为必须
证明证据。 我们至少可以公布举证的方法，以
便其他科学家能够通过重复这个过程来核实结
果。 总之，提出一个证据，就是让人确认一个
事实。 但什么叫确认？ 是用眼睛、耳朵或某个
感觉器官记录事实吗？[149]感官是骗人的，在范围
和辨别能力上都受到了限制。

技术在这里出现了。 它们最初是人类器官
或生理系统的替代物，其功能是接收数据或影响
环境。[150]它们服从一个原则，即性能优化原则：
为了获得性能而增加输出（获得的信息或变
化），减少输入（消耗的能量）。[151]因此它们是
一些游戏，与这些游戏相关的不是真善美，而是

高效：当一个技术"招数"获得更多、消耗更少时，它就是"好的"。

这种技术能力的定义是迟到的。长久以来，各种发明断断续续地出现在盲目的研究中，这些研究涉及的主要不是知识，而是技艺，或者说既涉及知识，也涉及技艺：如古希腊人就没有在知识和技术之间建立巩固的关系。[152] 在 16 世纪和 17 世纪，"透视学家"的工程仍属于猎奇和艺术革新。[153] 这种情形一直延续到 18 世纪末。[154] 我们可以认为，即使在今天，那些"野蛮的"、有时类似于家中敲敲打打的技术发明活动依然存在，它们与科学论证的需要无关。[155]

然而，随着科学知识的语用学取代传统知识或启示知识的地位，人们越来越强烈地感受到了举证的需求。笛卡尔在《论方法》的结尾处已经要求实验室经费了。这样就出现了问题：那些为了举证而优化人体性能的仪器要求额外的消耗。因此，如果没有金钱，就没有证据、没有对陈述的检验、没有真理。科学语言游戏将变成富人的游戏。 最富的人最有可能有理。 财富、效能和真理之间出现了一个方程式。

18 世纪末第一次工业革命来临时，人们发现了如下的互逆命题：没有财富就没有技术，但没有技术也就没有财富。 一个技术装置需要一笔投资，但因为它能优化性能，所以它也能优化这种更佳的性能带来的剩余价值。 为此只需实现这种剩余价值就行了，也就是说只需销售性能的产品就行了。 我们可以用如下的方式使这一系统成为循环：这种销售的部分收入用来作为研究基金，而研究基金又用来继续改善性能。 正是在这个确切的时刻，科学成为一种生产力，即资本流通中的一个环节。

强迫技术改善性能并且获得收益的要求首先来自发财的欲望，而不是求知的欲望。 技术与利润的"有机"结合先于技术与科学的结合。技术只是通过普及的性能思想的中介才在当代知识中取得了一点重要性。 即使在今天，知识的进步也并不直接依赖科技投资的增加。[156]

但资本主义为研究经费这一科学问题带来了解决办法：直接的办法是向企业的研究部门提供资金，在那里性能和再商品化的迫切要求将研究优先引向"应用"；间接的办法是设立私人、国家或合资的研究基金会，按计划资助大学的院系、研究实验室或独立的研究组织，这些基金会并不指望研究工作立即产生利润，但它们之所以在一段时间里以蚀本的方式资助研究，在原则上是为了获得具有决定意义的革新，即十分有利可图的革新。[157]民族国家，尤其是在它们的凯恩斯主义插曲中，遵循的是相同的规则：应用研究和基础研究。它们通过各种各样的代理机构与企业合作。[158]那些在企业中占优势的工作组织规范也进入了应用研究实验室：等级制、确定工作、建立班组、评估个人和集体的效率、制定促销方案、寻找客户，等等。[159]"纯粹"的研究中心吃的苦较少，但得到的经费也较少。

举证在原则上只不过是为了得到科学信息受话者的赞同而进行的论证的一部分，因此它受到另一种语言游戏的控制，这种语言游戏的赌注不是真理，而是性能，即最佳输入输出比。国家和/或企业为了证明新的赌注而放弃了唯心主义或人道主义的合法化叙事；在今天的出资者话语中，唯一可信的赌注是力量。购买学者、技师和仪器不是为了掌握真理，而是为了增加力量。

问题在于了解力量话语可能包括什么，它是否可能建立合法化。初看起来，阻碍它建立合法化的东西似乎是力量与法律之间、力量与智慧之间的传统区分，即强大的东西、公正的东西和真实的东西之间的传统区分。我们在前面谈论语言游戏理论时参照的正是这种不可通约性，我们区分了指示性游戏（它的关联性属于真假范畴）、规定性游戏（它由公正与非公正管辖）、技术性游戏（它的标准是高效与低效）。力量似乎仅仅属于最后这种游戏，即技术性游戏。我们不考虑力量以恐怖方式起作用的情况，这种情况处于语言游戏之外，因为此时力量的有效性完全来自消灭对话者这种威胁，而不是来自更好的"招数"。只要效能（即获得的预期结果）的原动力是"说或做此事，否则你就不必开口"，人们便进入恐怖，社会关系便被摧毁了。

但是，性能在增加举证的可能性时，也确实增加了有理的可能性：大量进入科学知识中的技术标准不可能始终不影响真理标准。我们也可以对正义与性能的关系说同样的话：一个命令被认为是公正的这种可能性将随着它被执行的可能性而增加，它被执行的可能性又将随着规定者的性能而增加。因此卢曼认为，在后工业社会里程序的性能替代了法律的规范性。[160]"对语境的控制"，即不顾那些构成语境（不论这是"自然"还是人类）的对话者而实现的性能改善，有可能等于一种合法化。[161]这是一种通过事实达到的合法化。

这种程序具有如下的视野：因为"现实"是为科学论证提供证据以及为司法、伦理、政治方面的规定和许诺提供结果的那个东西，所以人们使自己成为"现实"的主人，也就使自己成为了这些论证、规定和许诺的主人，通过技术可以做到这一点。人们强化技术，也就"强化"了现实，因此也就强化了公正和有理的可能性。反过来说，如果人们拥有科学知识和决策权威，就能更好地强化技术。

通过力量的合法化就这样形成了。力量不仅是好的性能，而且也是好的检验和好的裁决。它既通过效能使科学和法律合法化，也通过科学和法律使效能合法化。力量像一个按照性能优化原则调节的系统一样自我合法化。[162] 不过，普及的信息化应该提供的正是这种对语境的控制。陈述性能的提高是与人们拥有的关于指谓的信息量成比例的，不论这个陈述是指示性陈述还是规定性陈述。这样，力量的增加以及它的自我合法化现在就要经过信息的生产、存储、提取和操作了。

科学与技术的关系颠倒过来了。此时论证的复杂性似乎很有意思，这特别是因为它迫使证明方法变得十分繁琐，性能从中得到好处。国家、企业、合资公司在分配研究经费时服从的正是这种增加力量的逻辑。那些不能证明自己对优化系统性能做出了贡献（哪怕是间接的贡献）的研究机构将被经费的洪流所遗弃，并且注定要衰落下去。政府部门在解释为什么拒绝承认某些研究中心的资格时，明确地提到了性能标准。[163]

注释

137　亚里士多德：《前分析篇》、《后分析篇》（约公元前330年）；笛卡尔：《指导心智的规则》（约1628年）、《哲学原理》（1644年）；密尔（S. Mill）：《逻辑学体系》（1843年）。

138　巴什拉：《实用唯理论》，法国大学出版社，1949年；塞尔：《改革与七罪》，载《弯弓》第42期（巴什拉专号），1970年。

139　希尔伯特（D. Hilbert）：《几何基础》，1899年；布尔巴基（N. Bourbaki）：《数学建筑》，收入勒利奥内（Le Lionnais）编《数学思想的大趋势》，赫尔曼出版社，1948 年；布朗谢（R. Blanché）：《公理系统》，法国大学出版社，1955 年。

140　参见布朗谢著《公理系统》第 5 章。

141　我们的根据是马丁（R. Martin）的《当代逻辑与形式化》，法国大学出版社，1964 年，第 33—42 页以及第 122 页以下。

142　哥德尔（K. Gödel）：《〈数学原理〉及有关系统中的形式不可判定命题》，载《数学物理学月刊》第 38 期，1931 年。拉孔布（D. Lacombe）以通俗方式阐述了哥德尔定理，参见《关于数学结构的流行思想》，收入《结构的观念与知识的结构》，阿尔班-米歇尔出版社，1957 年，第 39—160 页。

143　拉德里耶尔（J. Ladrière）：《形式主义的内在限制》，卢万和巴黎，1957 年。

144　塔尔斯基（A. Tarski）：《逻辑学、语义学和元数学》，阿尔芒-科兰出版社，1972 年；德克莱斯（J. Desclès）和冈茨瓦-德克莱斯（Z. Guentcheva-Desclès）：《元语言、元言语和元语言学》，载《工作资料》第 60—61 期，乌尔比诺大学，1977 年 1—2 月。

145　布尔巴基：《数学基础》，赫尔曼出版社，1940 年。

　　这项工作最初的出发点是验证欧氏几何的某些"公

　　设"，参见布兰斯维克（L. Brunschvicg）著《数理哲

　　学的发展阶段》，法国大学出版社，1947 年。

146　库恩：《科学革命的结构》。

147　关于逻辑数学中悖论的分类，可以参见拉姆齐

　　（F. Ramsey）著《数学基础及其他逻辑学论文》，纽

　　约，1931 年。

148　亚里士多德：《修辞学》。

149　这是证据问题，也是历史根源问题：是通过"道听途

　　说"还是通过"亲眼目睹"来认识事实？　这种区别

　　在希罗多德的著作中就已经出现了。　参见哈尔托赫

　　（Fr. Hartog）著《希罗多德——吟诗者与漫步者》，

　　载《希罗多德》第 9 期，1977 年 12 月，第 56—

　　65 页。

150　盖伦（A. Gehlen）：《人类学考察方法中的科技》，收

　　入《人类学研究》，汉堡，1961 年。

151　勒鲁瓦-古朗（A. Leroi-Gourhan）：《环境与技术》

　　（阿尔班-米歇尔出版社，1945 年）、《动作与言语》

　　第 Ⅰ 卷：《技术与语言》（阿尔班-米歇尔出版社，

1964 年）。

152　韦尔南（J. P. Vernant）：《希腊人的神话与思想》（马斯佩罗出版社，1965 年），尤其参见第 4 章"劳动与技术思想"。

153　巴尔特吕泽蒂（J. Baltrusaitis）：《变形或神奇的人为魔力》，佩兰出版社，1969 年。

154　芒福德：《技艺与文明》，纽约，1934 年；吉尔（B. Gille）：《技术史》，伽利玛出版社（七星文丛），1978 年。

155　米尔凯（M. J. Mulkay）和埃奇（D. O. Edge）研究了一个惊人的例子：利用业余无线电来检验相对论的某些论断，参见《射电天文学发展中认识、技术与社会的动力》，载《社会科学通讯》，1973 年，第 25—61 页。

156　米尔凯建立了一种技术与科学知识相互独立的灵巧模式。参见《分支模式》，载《社会学评论》第 33期，1976 年，第 509—526 页。布鲁克斯（H. Brooks）是"国家科学院科学与公众委员会"主席，也是《布鲁克斯报告》（经济合作及发展组织，1971 年 6 月）的作者之一，他在批评 60 年代对研究和发展的投资方式时宣称："登月竞赛的结果之一是提高了技术革新的成本，现在已经变得过于昂贵……研究本是长期的活动：加速或减速都意味着未经认可的花销以及无能。智力生产不应该超出某种节奏"（《美国是否有科学政策》，载于《研究》第 14 期，1971 年 7 月，第 611 页）。1972 年 3 月，提倡"研究应该满足国家需要"的白宫科学顾问小戴维（E. David Jr），也得出相同的结论：宽广灵活的研究战略，更具约束力的发展战术（《研究》第 21 期，1972 年 3 月，第 211 页）。

157 这是 1937 年拉扎斯菲尔德（P. Lazarsfeld）同意在普林斯顿创建大众交流研究中心时提出的条件之一。此事并非没有问题，无线电工业拒绝为这个计划投资。人们说拉扎斯菲尔德做事有始无终。他自己也曾对莫里森（D. Morrison）说："通常我只提出各种想法，然后就希望它们自己运转。"参见莫里森著《现代大众交流研究的起源》，载《社会学欧洲档案》第 19 期，1978 年，第 347—359 页。

158 1956 年美国政府用于"研究与发展"的经费与私人资本相同，以后就超过了私人资本（经济合作及发展组织，1965 年）。

159 尼斯贝特在《学术教条的失落》第 5 章中，对"高级
     资本主义"以独立于院系的研究中心形式进入大学作
     了痛心的描述，这些研究中心的社会关系动摇了学术
     传统。 还可参见《科学的（自我）批评》中如下几
     章："科学无产者"、"研究者"、"名士的危机"。

160 卢曼：《通过程序的合法化》，新维德，1969 年。

161 缪勒在评论卢曼时写道："在发达工业社会里，法律
     上和理性上的合法化被技术官僚合法化代替了，技术
     官僚合法化丝毫不重视公民的信仰，也不重视道德本
     身"（《交流政治学》，第 135 页）。 参见哈贝马斯整
     理的关于技术官僚问题的德文著作目录（《理论与实
     践》，第 135—136 页）。

162 福科尼耶（G. Fauconnier）对检验真理的问题作过语
     言学分析，参见《怎样检验真理——通过各种危险而
     有害的论点阐明的意见》，载《社会科学研究会刊》
     第 25 期，1979 年 1 月，第 1—22 页。

163 因此，1970 年英国政府要求大学拨款委员会"在生产
     率、专业化、集中学科、控制建筑等方面起到更积极
     的作用，减少开支"（《教育政策》，企鹅教育丛书，

1971 年）。 这似乎与前面（注 156）引述的布鲁克斯等人的话相矛盾。 但是，（一）"战略"可以是自由的，而"战术"则是极权的，这正是戴维所说的话；（二） 公共权力等级制内部的责任往往被人以最狭隘的意义理解，成为保证一项计划取得预计成绩的能力；（三） 公共权力无法避开私人团体的压力，而这种压力的性能标准是直接强制性的。 如果在研究中，革新的可能难以计算，公共利益似乎应该是支持研究，而且这种支持不以限期取得有价值的效益为条件。

第十二章

教学与通过性能达到的合法化

至于知识的另一个方面，即传递方面，也就是教学，我们似乎很容易描述性能标准的流行对它的影响。

在既定知识的观念得到承认之后，知识的传递问题可再分为一系列语用学问题：谁传递？传递什么？向谁传递？采用什么手段？通过什么形式？效果如何？[164]大学政策是由一整套对这些问题的严密回答构成的。

当相关标准是假设的社会系统具有的性能时，就是说当人们采纳系统论的观点时，人们把高等教育变为社会系统的一个子系统，用同样的性能标准来解答上述每一个问题。

预期的结果是高等教育为社会系统达到最佳性能而作出最大贡献。因此，高等教育应该培养社会系统所需的能力。这些能力分为两大类，其中的一类主要用来迎接世界竞争，它们随着民族国家或重要教育机构可能在世界市场上出售的各种"特产"而变化。如果我们的总体假设是真实的，此书开始处指出的那些将在未来几年里成为赌注的尖端领域对专家和高中层干部的需求将会增长：所有涉及"电信"教育的专业（信息学专家、控制论专家、语言学家、数学家、逻辑学家……）将看到自己在教学方面处于优先地位，何况这些专家的增多还会促进其他知识领域内研究的发展，我们曾在医学和生物学中见到过这种情况。

另外，根据这个总体假设，高等教育应该继续为社会系统提供符合系统自身要求的那类能力，系统自身要求是维持它的内在严密性。以前，这一任务包括培养并传递一种普遍的生活方

式，这种生活方式往往是由解放的叙事合法化
的。　在非合法化语境中，大学和高等教育机构
从此需要培养的不是各种理想，而是各种能力：
多少医生、多少某专业的教师、多少工程师、多
少管理人员，等等。　知识的传递似乎不再是为
了培养能够在解放之路上引导民族的精英，而是
为了向系统提供能够在体制所需的语用学岗位上
恰如其分地担任角色的游戏者。[165]

　　如果说高等教育的目的是功能性质的，那受
话者又是什么样的呢？　大学生已经有了变化，
而且还将继续变化。　他不再是一个来自"自由
精英"[166]的青年，他也不再或近或远地关心社会
进步、人类解放的伟大任务。"民主"大学没有
入学选拔，如果我们考虑人头费用和接受的大量
注册[167]，它不论对学生还是对社会来说都不算昂
贵，它的模式是解放型人文主义的，从这个意义
上说，它在今天显得效率不高。[168]事实上，高等
教育已经发生了重大变化，这种变化既受到行政
措施的影响，也受到社会需求的影响，这种来源

于新用户的社会需求本身很少受到控制，它将高
等教育的功能逐渐分为两大类服务。

高等教育的职业化功能面对的仍然是来源于
自由精英的青年，传递给他们的是职业所需的能
力。 那些与新科技密切相关的新知识的受话者
也属于这些人，他们的道路不同（如通过工学
院），但受教育的模式相同，他们也是尚未"就
业"的青年。

除了这两类复制"职业知识分子"和"技术
知识分子"[169]的大学生外，其他大部分在校青年
是没有计算在求职统计表内的失业者，因为他们
的数量超过了他们从事的专业（文学和人文科
学）所能提供的需求。 事实上，尽管他们还很
年轻，但他们属于知识传递的新一类受话者。

因为大学不仅具有这种职业功能，而且还开
始或应该开始在改善系统性能的方面扮演一个新
角色，即培训或成人教育。[170]除了在那些负有职
业使命的大学、院系或机构中，知识不再是一劳
永逸地全盘传给尚未就业的年轻人，而是像"点

菜"一样传给已经就业或即将就业的成年人，以便改善他们的能力并促进他们的晋升，同时也是为了让他们掌握信息、语言和语言游戏，让他们拓宽职业生活的视野，连接技术试验和伦理试验。[171]

知识传递的这种新动向并不是没有争议的。因为，对系统而言，即对系统的"决策者"而言，鼓励职业培训越是有好处（因为这只会改善整体的性能），这种关于话语、体制和价值的试验就越是显得缺乏操作性，人们就越是以系统可靠性的名义拒绝给予经费，因为这样的试验必然在履历、教学和知识检查中带来"混乱"，何况还有社会政治的影响。 然而，这里显露出来的脱离功能主义的出路是不应该被忽略的，因为正是功能主义指出了这条出路。[172]不过我们可以设想，这种责任交给了大学之外的网络。[173]

无论如何，即使性能原则并非在任何情况下都能清楚地确定需要采取的政策，它仍然带来了高等教育体制从属于权力这种总体后果。 自从知识不再以理念的实现或人类的解放为自身目的，它的传递便不再属于学者和大学生特有的责任了。 在今天看来，"大学特权"的观念已经属于另一个时代了。 在 60 年代末的危机之后，人们承认大学享有"自治"，但这是微不足道的，因为事实上教师委员会几乎在任何地方都无权决定他们的机构应该得到多少预算。[174] 他们拥有的权力只是分配他们得到的经费，而且还仅仅是在为了得到经费而走过漫长的道路之后。[175]

人们目前在高等教育中传递什么呢？ 如果我们局限在职业化问题上，而且局限于纯粹的功能主义观点，我们可以说传递的主要是知识的有机储备。 在这种储备上应用新技术将会极大地影响交流基础。 交流基础并不一定是教授面对沉默的学生大声讲授的一堂课（学生之所以沉默，是因为提问时间推迟到助教指导的"工作"课上）。 因为知识可以转译成计算机语言，因为传统教学与存储相似，所以教学可以由机器来完成，这些机器可以把传统的存储器（图书馆等）作为数据库与学生使用的智能终端连接在一起。

教学不会因此而必然地受到损害，因为仍然需要向学生传授一些东西，不是内容、而是终端的使用，即一方面传授新的语言，另一方面传授怎样更灵巧地操纵这种提问的语言游戏：向哪里提出问题，即哪个存储器与人们想知道的东西相关？　怎样提出问题才能避免错误？　等等。[176] 从这个角度看，如同学习外语的日常应用一样，计算机基础教育，特别是电信学基础教育应该必然地成为高等预备教育的一部分。[177]

仅仅当我们从精神生命和／或人类解放这些合法化大叙事的角度看问题的时候，机器部分地取代教师才会是一种缺陷，甚至是不可容忍的。但这些叙事可能已经不再是追求知识的主要动力了。　如果这种动力是追求力量，古典教学的这种面貌就与此无关。　职业学生、国家或高等教育机构提出的问题不论明确与否，都不再是：这是否真实？　而是：这有什么用？　在知识的商业化语境中，后者往往意味着：这是否可以出售？
而在增加力量的语境中则意味着：这是否有效？
不过，在上述状态中，高效的能力似乎应该是用
于出售的，它从定义上说就是有效的。不再有
效的东西是按照真假、对错等其他标准而定的能
力，当然还有通常所说的低性能。

一个辽阔的操作能力市场展现出来了。不
论现在还是将来，这种知识的占有者都是收购的
对象，甚至是政治引诱的赌注。[178] 从这个角度
看，知识的末日不仅没有来临，而且正好相反。
那些数据库将是明天的百科全书，它们超出了每
个使用者的能力，它们是后现代人的"自
然"。[179]

不过我们要指出，教学并不仅仅由信息的传
递构成。而且即使是高效的能力，也不能归结
为一种对数据的良好记忆或一种进入机器存储的
良好能力。重要的能力在于为了"当下"解决
问题而使那些相关的数据现实化，并使它们形成
一种有效的策略，但指出这点加以强调是一件平

庸的事情。

只要游戏还处在信息不全的阶段，优势就属于那个可以获得补充信息的人。从定义上来说，这便是一个处在学习阶段的大学生的情况。但当游戏处在信息完全的阶段时[180]，最佳性能就不能通过这种假设的补充来获得，它来自对数据的重新整理，这些数据确实构成了"招数"。这种重新整理一般是把以前那些相互独立的数据系列连接起来。[181]我们可以把这种将分散的东西连接为整体的能力称为想象。速度是这种想象的特性之一。[182]

不过我们可以认为后现代知识世界是信息完全的游戏支配的世界，因为其中的数据在原则上是所有专家都可以得到的：没有科学秘密。因此，在能力相等的情况下，在知识的生产中（不是在知识的获取中），性能的增加最终取决于这种"想象"，它或者让人采用新的招数，或者让人改变游戏规则。

如果教学不仅应该保证能力的复制，而且应

该保证能力的进步，那么知识的传递就不应该限于传递信息，而应该包括学习所有的程序，这些程序可以改善那种连接不同领域的能力，知识的传统结构小心翼翼地把这些领域相互隔离开来了。 跨学科性这一口号似乎符合这个方向，它是在 1968 年的危机后得到普及的，但在此之前很久就已经有人提倡了。 据说这一口号遭到大学封建主义的反对，其实它遭到更多人的反对。

在洪堡的大学模式中，每门学科都在一个系统中占有自己的位置，思辨位于这个系统的顶端。 一门学科侵入另一门学科的领域只会给系统带来混乱和"噪音"。 学科之间的合作只能出现在思辨的层面上，即出现在哲学家的头脑中。

相反，跨学科性的观念在本质上属于非合法化时代和它那种受到围攻的经验主义。 它与知识的关系不是实现精神生命或人类解放的关系，而是复杂的概念工具、物质工具的使用者与工具性能的受益者的关系。 他们既没有一种元语言，也没有一种元叙事来表达这种工具的目的性和正确的用途，但他们可以通过"集思广益"增强工具的性能。

集体工作的增值依靠的正是这种性能标准在知识中占据的优势。 因为对于说出真理或规定正义而言，数量是完全无关的；只是在人们从是否更有可能成功这一角度考虑正义和真理问题时，数量才起一点作用。 事实上，社会科学早就明确指出了集体工作改善总体性能时所需的那些条件。[183]老实说，社会科学在性能问题上取得的成就仅限于特定模式的范围，即完成一项任务的范围；当需要"想象"新的模式时，即需要设计时，这种改善就显得不太确定了。 我们似乎可以举出这方面的一些例子[184]，但仍然很难判定哪些东西应该归功于集体机制，哪些东西应该归功于集体成员的才华。

人们会发现，这种定向主要涉及知识的生产（即研究），而不是它的传递。 截然分开知识的生产和传递，这即使在功能主义和职业性的范

内也是抽象的，甚至可能是有害的。 然而，在
世界各地，知识机构的发展方向实际上把教学区
分为两个方面，即"简单"再生产和"扩大"再
生产，这种解决办法区分了各种性质的实体，它
们可以是机构、机构中的层面或部分、机构的组
合或学科的组合，其中的一些实体致力于职业能
力的选择和复制；另一些实体致力于"想象"精
神的提升和"冲动"。 前者拥有的传递渠道可
以被简单化，大众化；后者有权以小组的形式在
贵族般的平均主义中运作[185]，它们是否正式从属
于大学，这并不重要。

但看来可以确定的是，在这两种情形中，非
合法化和性能优势都敲响了教师时代的丧钟：对
传递确定的知识而言，教师并不比存储网络更有
能力；对想象新的招数或新的游戏而言，教师也
并不比跨学科集体更有能力。

注释

164　在拉扎斯菲尔德于 1939—1940 年间主持的普林斯顿

广播研究中心研讨班上，拉斯韦尔（D. Lasswell）用如下公式定义交流过程："谁向谁通过什么途径说什么并产生什么效果。"参见莫里森著《现代大众交流研究的起源》。

165　帕森斯将此定义为"工具活动主义"，并对此大加赞赏，甚至与"理性知识"混为一谈："理性知识包含在工具活动主义的共同文化中，但它只是在最有知识的社会阶层中才变得明确起来，并受到高度评价。"参见帕森斯和普拉特（G. Platt）著《关于美国教育体制的思考》，载《密涅瓦》第 6 期，1968 年夏，第 507 页；图雷纳曾引用这句话，参见《美国的大学与社会》，第 146 页。

166　缪勒称之为"职业知识分子"，与"技术知识分子"相对。 他在加尔布雷思之后，描述了"职业知识分子"面对技术官僚合法化时的慌乱和抵抗。 参见《交流政治学》，第 172—177 页。

167　1970—1971 学年初，在加拿大、美国、前苏联和南斯拉夫，19 岁的人群中注册高等教育的比例是 30%—40%；在德国、法国、英国、日本和荷兰，约为 20%。 与 1959 年相比，这一比例在所有这些国家都

提高了一至二倍。 在 1950—1970 年间，大学生人口
与总人口的比例，西欧从约 4% 提高到约 10%，加拿
大从 6.1% 提高到 21.3%，美国从 15.1% 提高到
32.5%。 参见德韦兹（M. Devèze）著《当代大学
史》，巴黎，经济与社会发展研究公司，1976 年，第
439—440 页。

168　在法国，从 1968 年到 1975 年，高等教育总预算（不
包括国家科学研究中心）从 30.75 亿法郎达到 54.54
亿法郎，即从国民生产总值约 0.55% 降到 0.39%。
绝对数字显示的增长涉及的项目是工资、行政开支和
助学金，研究经费显然没有增长（《当代大学史》，
第 447—450 页）。 戴维宣称，70 年代不需要比前 10
年更多的博士（《研究》第 21 期，第 212 页）。

169　采用缪勒的术语，参见《交流政治学》。

170　即里尤（M. Rioux）和多弗尼（J. Dofny）在"文化教
育"的题目下谈到的一切，参见《大学介入经验的检
查与总结》，收入《环境中的大学——行动与责任》
（部分或完全使用法语大学协会研讨会论文集），蒙
特利尔大学，1971 年，第 155—162 页。 作者批评了
他们所说的两类北美大学：一类是"文学院"，它们

的教学与研究完全脱离了社会需求；另一类是"综合大学"，它们准备实施任何教学，只要社会同意承担费用。 关于最后这个问题，可以参见克尔（C. Kerr）著《大学的用途》，哈佛大学出版社，1972年。 阿利奥（M. Alliot）在同一次研讨会上也对未来的大学作了描述，他的观点与里尤和多弗尼相似，但没有像他们一样提倡大学介入社会，参见《大学体制的最佳结构》，收入《环境中的大学》，第141—154页。 阿利奥总结说："我们相信结构，但说到底结构应该越少越好。"这也是巴黎八大（樊尚大学）1968年成立时宣布的使命，关于这个问题可以参见《樊尚大学或学习的欲望》，阿兰-莫罗出版社，1979年。

171 笔者曾目睹樊尚大学许多院系的试验。

172 1968年11月12日的《高等教育指导法》规定高等教育包括成人教育（即职业教育）："高等教育应该对过去的学生以及那些没能继续学习的人开放，以使他们能够按照自己的能力改善发展的机遇，或者改变职业。"

173 法国教育部长曾向公立学校的学生正式推荐电视二台

播放的《献身》系列节目（史无前例的尝试），他在接受《电视七天》（第981期，1979年3月17日）采访时宣布，教育部门建立一个独立的视听工具的尝试已经失败，他说："教育的第一个任务是告诉儿童怎样选择他们的电视节目。"

174　在英国，国家分担的大学运作资金在1920—1960年间从30%达到80%，附属于科学与大学部的大学拨款委员会在审查了大学呈交的需求报告和发展计划后，在这些大学之间分配每年的经费。在美国，那些"理事"是很有权力的。

175　在法国，教师委员会在各院系之间分配运作和设备所需的经费。工资不属于其管辖范围，临时雇佣人员除外。新项目的投资来自大学得到的教学经费。

176　麦克卢汉（M. Luhan）：《从眼睛到耳朵》，德诺埃尔-贡蒂埃出版社，1977年；安托万（P. Antoine）：《怎样获得信息》，载《计划》第124期，1978年4月，第395—413页。

177　我们知道，日本小学生要学习智能终端的使用。在加拿大，偏远的大学和中学经常使用智能终端。

178　这是美国的研究中心在二次世界大战前就开始实行的

政策。

179　诺拉和曼克写道："在未来的几十年里，对人类的先
　　进部分而言，主要挑战不在于支配物质的能力，这种
　　能力已经有了，而在于建立网络的困难，这种网络应
　　使信息和组织联系起来，一同发展"（《社会的信息
　　化》，第 16 页）。

180　拉波波特（A. Rapoport）：《战斗、游戏和辩论》，安
　　阿伯，密歇根大学出版社，1960 年。

181　这是米尔凯的分支模式（注 156）。 德勒兹（G.
　　Deleuze）对此作过系列交叉理论的分析，参见《意义
　　的逻辑》（子夜出版社，1968 年）和《差异与重复》
　　（法国大学出版社，1968 年）。

182　时间是一个变量，它在动力学中涉及到功率单位的确
　　定，参见维利里奥（P. Virilio）著《速度与政治》，伽
　　利玛出版社，1976 年。

183　莫雷诺（J. Moreno）：《谁将幸存》（第 2 版），纽
　　约，比肯出版社，1953 年。

184　最著名的例子有"大众交流研究中心"（普林斯顿）、
　　"精神研究学院"（帕洛阿尔托）、"麻省理工学院"
　　（波士顿）和"社会研究所"（法兰克福）。 克尔用来

支持他所说的"观念城邦"的部分论据就建立在集体研究有利于创造性这一原则上，参见《大学的用途》。

185　普赖斯在《小科学与大科学》中试图建立科学的科学。他确定了作为社会客体的科学所具有的（统计学）规律。我们在注 131 中指出了非民主区分的规律。另一个规律是"无形社团"，它描述了科学机构中发表著作的增多本身和信息渠道的饱和造成的结果："知识贵族"倾向于建立人际交往的固定网络，这样的网络最多可以聚集一百来个自选的成员。克莱恩（D. Crane）对这些"社团"曾有过一种社会测量学的解释，参见《无形社团》（芝加哥和伦敦，芝加哥大学出版社，1972 年）。还可参见莱居耶著《西方国家科学社会学的总结及展望》。

第十三章

研究不稳定性的后现代科学

我们在前面指出，科学研究的语用学把语言游戏的新"招数"，甚至新规则的发明放在首要位置，这在寻找新证据方面表现得尤为明显。我们现在必须强调这个方面，它在科学知识目前的状态中具有决定意义。 我们可以用戏拟的方式说科学知识正在寻找"危机的出路"，这里的危机是指决定论的危机。 决定论是一种假设，通过性能达到的合法化就建立在这种假设之上：因为性能由输入输出比确定，所以必须假定引进输入的系统处在稳定状态，它的"轨迹"是有规律的，可以建立可导连续函数，这种函数能够恰当地预测输出。

以上便是效率的实证"哲学"。 为了方便关于合法化的最后讨论，我们将在这里援引一些值得注意的反例。 总之，我们要通过几段文字来说明，后现代科学知识的语用学本身和追求性能没有多少相似性。

科学并不是通过效率的实证主义而得到扩张的。 相反，提出证据，就是寻找并"发明"反例，即难以理解的事物；进行论证，就是寻找"悖论"并通过推理游戏的新规则使其合法化。在这两种情形中，效率都不是为了自身而被追求，它是多余的，而且当出资者终于对此感兴趣时，它往往是迟到的。[186] 然而，合法化问题不可能不随着新理论、新假设、新陈述、新观察一起出现并且反复出现，因为这是科学本身为自己提出的问题，而不是哲学为它提出的问题。

思考什么是真实，什么是公正，这并没有过时。 过时的是把科学想象为实证主义，把科学判定为德国唯心主义者所说的这种不合法的知识、这种半知识。"你的论据和证据有什么价值?"这个问题如此直接地属于科学知识的语用学,以至于它保证了这种论据和这种证据的受话者向一个新论据和一个新证据的发话者的转变,结果带来了话语的更新和科学家的世代交替。通过展开这个问题,科学得到了发展,没人否认科学得到了发展。这个问题本身的展开又引出了下面的问题,这是元问题或合法性问题:"你的'有什么价值'有什么价值?"[187]

我们说过,知识通过一些规则获得有效性,而后现代科学知识的显著特点是关于这些规则的话语具有明确的自我内在性[188]。19 世纪末被当成是合法性的丧失、哲学"实用主义"或逻辑实证主义的失败的这一切不过是一段插曲,知识通过把关于陈述(这些陈述具有法律的价值)有效性的话语放入科学话语中而重新站立起来。我们已经看到,这种放入并不是一种简单的操作,它带来了被认为非常严重的"悖论",它还为知识的范围设定了一些"限制",这实际上改变了知识的性质。

以哥德尔定理为结果的元数学研究是这种性质变化的名副其实的范式。[189] 但动力学的变化也同样是新科学精神的典范，这种变化之所以特别引起我们的兴趣，是因为它迫使我们修正一个大量出现在有关性能的讨论中、尤其是出现在社会理论中的概念：系统的概念。

性能的思想意味着强稳定系统的思想，因为它依靠一种关系原则：原则上讲，热量与功率之间、热源与冷源之间、输入与输出之间的关系总是可以计算的。这是一种来自热力学的思想。它与系统性能的发展可以预测这种观点紧密联系，预测的条件是人们必须了解系统的所有变量。拉普拉斯（P. Laplace）的"魔鬼"故事作为极端的例子清楚地表达了这一条件[190]：掌握了在 t 时刻决定宇宙状态的所有变量就能预测宇宙在 t'＞t 时刻的状态。这一想象得到下述原理的支持：物理系统，包括宇宙这个系统的系统，具有规律性，因此这些系统的演变显出可以预测的轨迹，带来"标准的"连续函数（还带来了未来学……）。

　　由于量子力学和原子物理学的出现，这一原理的适用范围必须受到限制。这有两种方法，它们各自的意义不尽相同。首先，确定一个系统的初始状态，即确定所有独立的变量，这即使是可行的，所需的能量消耗至少也等于这个要确定的系统消耗的能量。对这种不可能完全测量系统状态的事实，博尔赫斯（J. Borgès）在一个注解中作了通俗的说明：一个皇帝想让人绘制一张绝对精确的帝国地图，结果国家破产了：全国人把全部能量都用在了绘制地图的工作上。[191]

　　布里渊（L. Brillouin）推论说[192]，完全控制系统的观点（或意识形态），因包含矛盾而显得不一致：它本来应该改善系统的性能，但它却降低了它宣称要提高的性能。这种不一致性特别地解释了国家官僚机构或社会经济官僚机构的缺陷：官僚机构窒息了受其控制的系统或子系统，同时也窒息了自身（负"反馈"）。这种解释的

意义在于它不需要借助系统合法化之外的另一种
合法化，例如它不需要借助那种反对极权的人类
自由的合法化。 如果承认社会是一个系统，那
么对系统的控制就要求精细地确定它的初始状
态，这种确定是无法实现的，所以这种控制不可
能是有效的。

　　不过这种限制还仅仅是对一种精确知识的实
在性和由此产生的权力的实在性提出质疑，没有
触及它们在原则上的可能性。 传统的决定论仍
在继续构筑系统知识的边界，虽然代价昂贵，却
是可以想象的。[193]

　　量子理论和微观物理迫使人们更彻底地修正
这种可预测连续轨迹的思想。 追求精确遇到的
界限不是价格造成的，而是物质的特性造成的。
随着精度的增加，不确定性（即缺乏控制）并未
真的减少，它也在增加。 佩兰（J. Perrin）举了
一个例子：测量一个球体中空气的真实密度（质
量／体积之商）。 当球体的体积从 1000 立方米
缩小到 1 立方厘米时，密度变化很大；当球体从

1 立方厘米缩小到 1／1000 立方毫米时，密度变化极小，但在这一区间，人们已经可以观察到约为十亿分之一的密度变化量，它们的出现是不规则的。 随着球体的进一步缩小，这些变化量的数值增大了：体积为 1／10 立方微米时，变化量大约是千分之一；体积为 1／100 立方微米时，变化量大约是五分之一。

　　体积进一步缩小，人们便达到分子范围的数量级。 如果小球处于两个空气分子之间的真空，空气的真实密度在此为"零"。 然而，大约一千次中有一次，小球的中心会"落入"一个分子的里面，此时这个点上的平均密度近似于人们所说的瓦斯真实密度。 如果一直下降到原子内的尺度，小球就很可能处在真空中，密度再次为零。 但在一百万次中有一次，它的中心可以处在粒子中或原子核中，此时密度将比水的密度高出几百万倍。"如果小球继续收缩，平均密度很可能会立即重新变为零并将保持下去，真实密度也是如此，除非它处于几个非常罕见的位置，它在这些位置上将获得比原先大许多倍的数值。"[194]

　　这样，有关空气密度的知识就分解为大量互不兼容的陈述，只有当这些陈述对应于陈述者所选择的尺度时，它们才是兼容的。另外，在某些尺度上，这种测量的陈述不能概括为一个简单的论断，只能概括为如下类型的论断：密度有可能为零，但不排除它为 10 的 n 次方，n 是非常大的数。

　　学者的陈述与"自然所说"之间的关系在这里似乎属于信息不全的游戏。前者的陈述所采用的语式表达了如下事实：后者实在的、独特的陈述（"表征"）是不可预测的。我们只能计算可能性：这个陈述更可能是说这件事，而不是那件事。在微观物理的层面上，我们无法得到一个"更好的"、即性能更佳的信息。问题不在于了解对手（"自然"）是谁，而在于了解他玩的是什么游戏。爱因斯坦对"上帝掷色子"这种想法感到愤慨[195]，但这是一个能找到"充足的"

统计学规律的游戏（如果人们有上帝决定一切这种印象，那也没办法）。 如果对手玩的是桥牌，科学遇到的"初级偶然"就不应该仍然归于色子各面的随机性，而应该归于计谋，即在几种可能的纯粹策略之间作出的偶然选择。[196]

通常，人们认为自然是一个冷漠的对手，而不是一个狡诈的对手，人们在这种差异的基础上区分了自然科学和人文科学。[197]换成语用学术语，这意味着在第一种情形中，"自然"是指谓，它是无声的，但它像掷出许多次的色子一样恒定，科学家交换着关于这个指谓的指示性陈述，这些陈述是他们之间相互使出的招数；而在第二种情形中，指谓是人，他也是一个对手，他面对学者的策略时通过说话展开自己的策略：学者此时遇到的偶然不是来自物体或冷漠，而是来自行为或策略[198]，即这是一种竞技。

人们会说这些问题涉及微观物理学，它们可以通过建立足够近似的连续函数来对系统的演变作出正确的概率论预测。 因此那些系统论专家

（他们也是性能合法化理论的专家）以为找回了他们的权利。然而，我们看到在当代数学中出现了一种思潮，它对以人的尺度精确测量并预报物体运动状态这种想法提出了质疑。

本华·曼德博（B. Mandelbrot）将自己的研究置于我们曾评论过的佩兰的文本的保护之下。但曼德博把这个文本的意义扩展到一个出人意料的方向上。他写道："导数是最简单的，也是最容易处理的，但它们却是例外；如果人们愿意，我们可以用几何语言说，那些没有切线的曲线是通例，而那些像圆一样非常规则的曲线则是值得注意的特例。"[199]

这种论断并非仅有抽象的好奇意义，它对大部分实验数据而言都是对的：乳化剂絮凝粒的轮廓显得如此破碎，以至于眼睛不可能在它的表面找到任何一点来固定一条切线。这个典型例子是由布朗运动给出的，我们知道，布朗运动的特性之一就在于粒子从一点开始的位移是无定向的，即所有方向都是同样可能的。

但我们在通常尺度上也可以见到相同的问题，例如精确测量布列塔尼海岸线、布满环形山的月球面积、星体物质的分布、电话通讯中出现的"阵阵"噪音、一般的喧闹、云团的形状，总之，精确测量大部分没有经过人手整治的事物所具有的轮廓和分布时就是这种情况。

曼德博指出，这类数据呈现的图形与不可导连续函数的曲线相似。科赫曲线[200]是一个简化的例子，它有一个内位似，人们可以在形式上证明它的位似维度不是整数 1，而是 $\log4/\log3$。人们有权认为，这样的曲线处在"维数"是 1 和 2 之间的空间里，因此它在直觉上是线条和平面的中间状态。正因为这些物体的相关位似维度是一个分数，所以曼德博才把它们称为分散物体。

托姆（R. Thom）也在相近的方向上展开他的研究。[201]这些研究直接质疑在拉普拉斯的决定论中，甚至在概率的决定论中先设的稳定系统概念。

托姆建立了一种数学语言，它可以描述不连续性怎样在一定的现象中明确地出现，并且怎样带来出乎意料的形式：这一语言被称为灾变理论。

设一只狗的好斗性为状态变量，这种好斗性随着狗的愤怒——控制变量的增加而增加。[202]假定狗的愤怒可以测量，它达到一个临界点便表现为攻击。恐惧是第二个控制变量，它的效果正相反，达到一个临界点便表现为逃跑。如果没有愤怒也没有恐惧，狗的表现将是中性的（高斯曲线的顶点）。但如果两个控制变量一起增加，两个临界点将同时临近：狗的表现将变得不可预测，它可能突然从进攻转为逃跑，也可能相反。这种系统便被称为不稳定系统：控制变量是连续变化的，状态变量则是不连续变化的。

托姆证明，人们可以列出这种不稳定性的方程式，并且画出图形（它是三维的，因为有两个控制变量和一个状态变量），它可以确定那些代表狗的行为的点所产生的全部运动，包括从一种行为向另一种行为的突然过渡。 这个方程式描述了一种类型的灾变，它是由控制变量和状态变量的数目（在此是 2＋1）确定的。

　　关于系统是否稳定、是否属于决定论的争辩在此出现了结果，托姆将它表述为如下的公设："一个过程或多或少被确定的特性是由这个过程的局部状态确定的"[203]。 决定论是一种自身也被决定的运作机制：自然在任何场合实现的都是最不复杂的局部形态，不过这种形态应与局部初始条件相兼容。[204] 但最常见的情况是，这些条件会阻碍一个形式的稳定，因为它们往往处在冲突中："灾变模式将所有施动过程归结为一个过程，它的直觉证明不成问题：赫拉克利特说，冲突乃万物之父。"[205] 各种控制变量互不兼容的可能性比相反的可能性更大，因此决定论只是一些"小岛"。 引起灾变的对立是本义上的规则：各个等级的普遍竞技都有一些规则，它们是由游戏中变量的数目定义的。

　　托姆的工作也影响了帕洛阿尔托学派的研究

（老实说，这是微弱的影响），尤其是影响了悖论学在精神分裂症研究中的应用，这就是众所周知的"双重困扰理论"[206]。我们在此仅限于指出这种联系，它可以让人明白，这些针对独特性和"不可通约性"的研究一直扩展到了日常困难所处的语用学领域。

我们可以从这些研究（以及其他许多研究）中得出如下的思想：可导连续函数作为知识和预测的范式所具有的优势正在消失。通过关注不可确定的现象、控制精度的极限、不完全信息的冲突、量子、"碎片"、灾变、语用学悖论等，后现代科学将自身的发展变为一种关于不连续性、不可精确性、灾变和悖论的理论。它改变了知识一词的意义，它讲述了这一改变是怎样发生的。它生产的不是已知，而是未知。它暗示了一种合法化模式，这完全不是最佳性能的模式，而是被理解为误构的差异的模式。[207]

一个在相同方向上展开研究的游戏理论专家说过一段非常精彩的话："这一理论有什么用处

呢？ 我们认为，游戏理论同任何制造出来的理论一样，其用处是产生思想。"[208] 梅达沃（P. Medawar）说[209]："对一个学者而言，有思想是最大的成功"，"科学方法"是不存在的[210]，学者首先是某个"讲故事"的人，只是他有义务证实这些故事。

注释

186 本华·曼德博（B. Mandelbrot）在《分散物体——形式、偶然与维度》（弗拉马里翁出版社，1975 年）的附录中，为那些很晚才得到承认或至今没有得到承认的数学家和物理学家编了"生平小传"，这些人之所以会如此，是因为他们的趣味奇特，尽管他们的发现非常丰富。

187 一个著名的例子是量子力学引发的关于决定论的争议，例如可以参见列维-勒布隆对波恩（M. Born）和爱因斯坦之间的通信所作的介绍：《量子力学大辩论》，载《研究》第 20 期，1972 年 2 月，第 137—144 页。 一个世纪以来的人文科学史充满了这种元语言层面的人类学话语段落。

188 哈桑为他所说的"内在性"画了一幅"图像",参见
《文化、不确定性与内在性》。

189 参见注 142。

190 拉普拉斯(P. Laplace):《宇宙体系论》第 1—2 卷,
1796 年。

191 博尔赫斯(J. Borgès):《论科学的严密性》,收入
《可耻的历史》,摩纳哥,罗谢出版社,1951 年。

192 信息本身也消耗能量,它构成负熵,引起熵。塞尔
经常使用这一论据,例子可以参见《海尔梅斯三——
翻译》,子夜出版社,1974 年,第 92 页。

193 我们在此采用普里果金(I. Prigogine)和斯汤热
(I. Stengers)的观点,参见《动力学——从莱布尼兹
到卢克莱修》,载《批评》第 380 期(塞尔专号),
1979 年 1 月,第 49 页。

194 佩兰(J. Perrin):《原子》(1913 年),法国大学出版
社,1970 年,第 14—22 页。本华·曼德博将这一文
本作为《分散物体》的前言。

195 海森伯(W. Heisenberg)曾引用这个例子,参见《超
越物理学》,纽约,1971 年。

196 博雷尔(Borel)在科学院的一次发言(1921 年 12

月）中建议："我们可以设想一下，在那些没有最佳玩法的游戏（信息不全的游戏）中，由于缺少只需选择一次的代码，是否可以改变游戏。以一种有利于自己的方式来玩呢。"诺伊曼从这一区分入手，证明这种决定的概率化本身在某些情形中就是"最佳玩法"。参见吉尔博（G. Guilbaud）著《游戏的数学理论基础》，迪诺出版社，1968 年，第 17—21 页；塞里斯（J. Séris）著《游戏理论》（论文集），法国大学出版社，1974 年。"后现代"艺术家经常使用这些概念，例如可以参见凯奇（J. Cage）著《无声》和《从星期一开始的一年》，米德尔敦（康涅狄格州），卫斯理大学出版社，1961 年和 1967 年。

197　埃普斯坦（I. Epstein）：《游戏》，载《科学与哲学——跨学科杂志》第 1 期，圣保罗大学，1979 年。

198　格朗热（G. Granger）说："此处的概率不再作为物体结构的组成原则出现，而是作为行为结构的调节原则出现"（《形式思维与人文科学》，奥比耶-蒙泰涅出版社，1960 年，第 140 页）。更准确地说，诸神玩桥牌之类的游戏这种想法是柏拉图之前的希腊假设。

199　曼德博：《分散物体》，第 4 页。

200 即"内位似不可求长连续曲线",它是科赫(H. von
     Koch)在 1904 年建立的,曼德博对它作过描述,参
     见《分散物体》,第 30 页。

201 托姆:《形态发生的数学模式》,10/18 丛书,1974
     年。 波米杨(K. Pomian)对灾变理论作过通俗的介
     绍,参见《灾变论与决定论》,载《自由》第 4 期,
     1978 年,第 115—136 页。

202 这是波米杨借自塞曼(E. Zeeman)的例子,参见《灾
     变几何学》,载《泰晤士报》文学副刊,1971 年 12 月
     10 日。

203 托姆:《结构稳定性与形态发生——论一种普遍的模
     式理论》,里丁(宾夕法尼亚州),本杰明出版社,
     1972 年,第 25 页。 波米杨曾引用这句话,参见《灾
     变论与决定论》,第 134 页。

204 托姆:《形态发生的数学模式》,第 24 页。

205 同上,25 页。

206 特别参见瓦茨拉维克等人著《人类交流语用学》第
     6 章。

207 布列东(Ph. Breton)说:"应该把科学知识的生产条
     件与被生产出来的知识区分开来(……)。 科学活动

有两个组成阶段，首先使已知变为未知，然后在独立的象征元系统中重新组织这种无知……科学的特性就在于它的不可预见性"（《潘多拉》第 3 期，1979 年 4 月，第 10 页）。

208 拉波波特：《双人游戏理论》（法文版），迪诺出版社，1969 年，第 159 页。

209 梅达沃（P. Medawar）：《可溶解的艺术》（第六版，伦敦，梅休因出版社，1967 年），特别参见"两种科学观"和"假设与想象"这两章。

210 费耶阿本德（P. Feyerabend）以伽利略为例解释了这个问题，他在认识论上提倡"无政府主义"或"达达主义"，反对波普尔和拉卡托斯，参见《反对方法》，伦敦，1975 年。

第十四章

通过误构达到的合法化

我们在此可以认为，相对于我们的意图而言，知识合法化问题的各种观点今天已经得到了充分的展现。依靠大叙事的做法被排除了，因此我们在寻找后现代科学话语的有效性时不能依靠精神辩证法，甚至也不能依靠人类解放。但我们刚才看到，"小叙事"依然是富有想象力的发明创造特别喜欢采用的形式，这首先表现在科学中。[211]另外，共识原则作为有效性标准也显得不够充分。共识或者是作为认知智慧和自由意志的人通过对话方式取得的一致意见（我们看到哈贝马斯设想的共识就是这种形式，但这种观念

建立在解放型叙事的有效性上），或者是系统为
了保持并改善性能而操纵的一个要素[212]，它成为
卢曼所说的行政程序对象，它此时只是手段，真
正的目的是获得可以使系统合法化的力量。

　　因此，问题在于了解一个仅以误构为依据的
合法化是否可能。　我们应该区分严格意义上的
误构与革新：革新是系统为了改善效率而控制或
应用的东西，误构是在知识语用学中使出的"招
数"，它的重要性往往不能立即被人了解。　在
现实中，两者经常相互转化，但这不是必然的，
而且这也不会必然地妨碍上述的假设。

　　如果我们从科学语用学的描述（第七章）重
新开始，重点就应该放在意见的分歧上，共识是
从未达到过的远景。　在一个范式[213]的庇护下进
行的研究逐渐使分歧和共识稳定下来，这些研究
仿佛在开采科技、经济、艺术的"思想"。　这不
是微不足道的小事。　但让我们惊奇的是，总有
人来扰乱"理性"的秩序。　我们必须假设有一
种力量，它使解释能力失去稳定，它通过颁布新

的智慧规范而显示出来，或者说通过提出科学语言游戏的新规则而显示出来，这些规则将界定新的研究领域。 在科学行为中，这是与托姆所说的形态发生相同的过程。 这个过程本身并非没有规则（有各种类别的灾变），但它永远只能得到局部的确定。 如果我们把这种特性移植到科学讨论中，并且从时间的角度看，它就意味着"发现"的不可预测性。 相对于一个透明的理想而言，它是构成不透明性的一个因素，它推迟了共识的时刻。[214]

以上的总结清楚地表明，系统理论以及它提出的那种类型的合法化没有任何科学根据：科学本身在语用学中不是按照这种理论所设想的系统范式运作的，社会也不能按照这种范式用当代科学的术语描述。

在这方面，我们可以考察一下卢曼的两个重要观点。 一是系统只能通过减少复杂性来运作，二是它应该使个人的愿望（"期待"）适应系统自身的目的。[215] 系统的能力要求减少复杂性

以便获得力量。 如果所有信息都可以在所有个
人之间自由地流通，那么为了作出相关的选择而
要考虑的信息数量将极大地拖延决定的时间，即
降低性能，因为速度是构成整体力量的要素
之一。

　　有人会提出异议，说如果不想造成严重的紊
乱就应该考虑这些个体分子的意见。 卢曼对此
作出回答，这便是他的第二个观点：为了使个人
的愿望与系统的决定相符，用一个"几乎是学
艺"的、"不受任何干扰"的过程来引导个人的
愿望是可能的。 系统的决定没有必要尊重个人
的愿望：应该是个人的愿望追随系统的决定，至
少是决定的结果。 行政程序将使个人"需要"
系统为了提高性能所需的东西。[216]我们可以在这
点上看出，电信技术现在和将来会有什么用处。

　　我们不应该否认，语境的控制和支配本身的
存在比它们的缺位更有价值。 性能标准有它的
"好处"。 它在原则上排除了对形而上学话语
的依附，它要求放弃寓言，它需要清晰的头脑和

冷漠的意志，它计算相互作用而不定义本质，它不仅让"游戏者"承担提出陈述的责任，而且还让他们确定这些陈述为了被人接受而必须服从的规则。它阐明了知识的语用学功能，因此这些功能似乎处于效率标准之下：辩论的语用学、举证的语用学、传递已知事物的语用学、学习想象的语用学。

性能标准还有助于提高所有语言游戏对自身的认识，哪怕这些游戏并不属于典范的知识。它逐渐使日常话语变为一种元话语：普通的陈述显出一种自我引用的倾向，各个语用学位置则显出一种间接地与那个涉及它们的实际信息发生联系的倾向。[217]它让人想到，科学共同体在拆散并重建语言的工作中遇到的内部交流问题与社会群体遇到的问题具有相似的性质，科学共同体在失去叙事文化之后，必须依靠自己来检验交流，并且正是通过这种方法来考察那些以科学的名义作出的决定是否具有合法性。

系统甚至可能冒着引起公愤的危险，把冷酷

无情也算作自己的优点。 在力量标准的范围
内，一个要求（即一种规定形式）不能因为来自
未满足的需求造成的痛苦而获得任何合法性。
权利不来自痛苦，它来自对痛苦的处理使系统更
具性能这一事实。 原则上讲，最不幸者的需求
不应该成为系统的调节器，因为众所周知，满足
这些需求的方式不会改善系统的性能，只会增加
它的消耗。 不满足这些需求有可能破坏整体的
稳定，这是唯一的禁忌。 力量不应该根据缺陷
进行调节，而应该不断造成新的要求，人们认为
这些要求可以重新定义"生命"的标准。[218] 在这
个意义上，系统仿佛是先锋派机器，它牵引着人
类，使人类失去人性，以使人类在另一个规范能
力的层面上重新获得人性。 技术官僚们宣称不
能相信社会指出的自身需求，他们"知道"社会
自身也无法了解这些需求，因为这些需求不是与
新科技无关的自变量。[219] 这便是决策者的骄傲之
处，也是他们的盲目之处。

　　这种"骄傲"意味着决策者与社会系统的同

化，社会系统被当成一个整体，它追求可以带来最佳性能的统一性。 但当我们转向科学语用学时，它恰巧告诉我们，这种同化是不可能的：原则上，任何科学家都不能代表知识，并且也不会以研究的"需求"或研究者的愿望不具备整体"科学"的高性能为借口而忽视它们。 研究者对需求的正常回答更可能是：应该看一看，讲你的故事吧。[220] 原则上，他不会预断问题已经解决，也不会认为重新考察这个问题将使"科学"损失力量。 情况甚至截然相反。

当然，在现实中情况并非总是如此。 一些学者的"打击"有时在几十年中受到忽略或压制，他们之所以不受重视，正是因为他们的"打击"过分猛烈地动摇了已经得到确认的观点，不仅在大学和科学的等级制中是这样，而且在提出的全部问题中也是这样。[221] "打击"越猛烈，就越不容易得到最低限度的共识，这恰巧是因为它将改变已经建立共识的游戏规则。 但是，当学术机构以这种方式运作时，它的表现就像一个普

通的权力机构，而权力机构的行为是处在同态稳
定中的。

　　这种行为和卢曼描述的系统行为一样是恐怖
主义。 恐怖的意思是指通过把对话者从人们原
先与他一起玩的语言游戏中除去或威胁除去而得
到的效率。 他之所以沉默或赞同，并不是因为
他受到反驳，而是因为他受到剥夺游戏的威胁
（剥夺是多种多样的）。 原则上，决策者的骄傲
在科学中找不到等同物，它只等同于实施这种恐
怖。 决策者说：你们的愿望应该符合我们的目
的，否则……[222]

　　甚至相对于许多游戏而言的宽容性也被置于
性能条件之下。 生命标准的重新定义是在力量
方面改善系统的性能。 这在电信技术的引入中
表现得尤为明显：技术官僚们在此看到了对话者
之间相互作用自由化和丰富化的希望，但有趣的
结果是系统中出现了新的张力，它将改善系统的
性能。[223]

　　如果科学具有区分事物的能力，它在语用学

中呈现的就是稳定系统的反模式。任何陈述都应该得到考虑，只要它包含与已知事物的差异而且可以证明。科学的模式是一个"开放系统"[224]，在这个系统中，陈述的相关性在于"产生思想"，即产生其他的陈述和其他的游戏规则。科学中没有可以转写和评价一切语言的普遍元语言，正是这一点阻止了与系统的同化，最终也阻止了恐怖。即使科学共同体中存在着决策者和执行者之间的界线（它确实存在），它也只属于社会经济系统，不属于科学语用学，而且它是发展知识想象力的最主要障碍之一。

　　普遍合法化的问题成为如下的问题：科学语用学呈现的反模式与社会的关系是什么？这种反模式是否适用于构成社会的巨大语言云团？或者它仅限于知识游戏？如果真是这样，它在社会关系方面起什么作用？它是开放型共同体无法达到的理想吗？它是决策者子系统不可缺少的要素吗（这些决策者为社会接受了性能标准，自己却不接受这一标准）？或者相反，它是拒绝与政权合作并向反文化过渡的表现，哪怕这样做会由于缺少经费而失去研究的可能性？[225]

　　我们在此书开始处强调指出了区分各种语言游戏的差异，这种差异不仅是形式的差异，而且是语用学的差异，这里的语言游戏主要是指示性游戏（或者说知识游戏）和规定性游戏（或者说行为游戏）。科学语用学的中心问题是指示性陈述，所以它才带来了那些知识机构（学院、研究所、大学等）。但它的后现代发展凸显了一个关键的"事实"：甚至指示性陈述的讨论也需要一些规则。但规则不是指示性陈述，而是规定性陈述，我们最好称其为元规定性陈述以避免混淆（它们为了能被接受而规定语言游戏的策略应该是什么）。在目前的科学语用学中，区分、想象或误构活动的功能是呈现这些元规定性陈述，即"先设条件"[226]，并要求对话者接受其他规定性陈述。最终使这样的要求变得可以被人接受的唯一的合法化是：这将产生思想，即产生新的陈述。

社会语用学没有科学语用学的这种"简单性"。它是由各种错综复杂的异态陈述网络构成的怪物（包括指示性陈述、规定性陈述、性能性陈述、技术性陈述、评价性陈述，等等）。我们没有任何理由认为可以找到全部这些语言游戏共有的元规定，没有任何理由认为一种可检验的共识（例如曾在科学共同体中占统治地位的共识）能够包容全部元规定，这些元规定的作用是调节在集体中流传的全部陈述。合法化叙事在今天的没落恰好是与这种信仰的丧失联系在一起的，不论这些叙事是传统的叙事还是现代的叙事（人类的解放、"观念"的变异）。"系统"的意识形态通过整合企图所填补的、通过性能标准的犬儒主义所表达的也正是这种信仰的丧失。

因此，像哈贝马斯那样，把合法化问题的建构引向追求普遍的共识似乎是不可能的，甚至也是不谨慎的。[227]哈贝马斯采用的方法是他所说的"Diskurs"，即辩论的对话。[228]

事实上，这里假设了两个东西。首先假设

了所有对话者都会赞同那些对所有语言游戏都普遍有效的规则或元规定，但这些语言游戏显然是异态的，它们属于异质的语用学规则。

其次假设了对话的目的是共识。 但我们在分析科学语用学时已经证明，共识只是讨论的一个状态而不是讨论的目的。 更确切地说，讨论的目的应该是误构。 由于这里指出的双重事实（规则的异质性和追求分歧），如下的信仰正在消失（但它仍在推动哈贝马斯的研究）：人类作为集合的（普遍的）主体通过调节所有语言游戏中允许使用的"招数"来追求自身的共同解放，任何一个陈述的合法性都在于它对这一解放所做的贡献。[229]

我们可以清楚地看出哈贝马斯在反对卢曼时依靠的这种论证有什么作用。 对稳定系统理论而言，"辩论的对话"是最后的障碍。 这一事业是好的，论据却不好。[230] 共识成为一种陈旧的、可疑的价值，但正义却不是这样，因此应该追求一种不受共识束缚的正义观念和正义实践。

承认语言游戏的异态性是朝这个方向迈出的第一步。 这显然意味着放弃恐怖，恐怖假设并力图实现语言游戏的同态性。 承认下述原则是朝这个方向迈出的第二步：如果定义每一种语言游戏和游戏"招数"的那些规则存在着共识，这种共识也"应该"是局部的，即它是从实际的对话者那里获得的，经常可以废除。 于是人们转向大量而有限的元论证，我们是指那些关于元规定的、在时空中受到限制的论证。

这种定向符合社会相互作用的演变，事实上，不论在职业、情感、性爱、文化、家庭、国际交往等方面，还是在政治事务中，临时契约都正在取代永久的制度。 当然，这种演变是暧昧的：临时契约得到系统的支持，因为它的灵活性最大，费用最低，其他各种动机也随之而来，一切因素都有助于更佳的操作性。 但说到底，问题并不在于为系统找到一个"纯洁"的替代方法：在70年代末的今天，我们都知道，这个替代方法将和临时契约相似。 我们应该为走向临时契约的趋势是暧昧的而感到高兴：这种趋势不符合系统的唯一目的性，但系统却容忍了这一点；这种趋势还在系统内部指出了另一种目的性，即按照本来面目认识语言游戏，决心承担游戏的规则和结果带来的责任，这里最主要的结果就是承认规则的采用有效，也就是追求误构。

我们终于看到了社会信息化对上述问题的影响。 信息化可以成为控制并调节市场系统的"梦想的"工具，这个市场一直扩展到知识本身，而且仅由性能原则支配。 此时的信息化不可避免地包含着恐怖。 它还可以为那些讨论元规定的组织服务，提供它们在需要依据情况做出决定时往往缺少的信息。 它为了转入这个方向而要遵循的路线在原则上是极其简单的：让公众自由地通往存储器和数据库。[231] 这样，各种语言游戏将在特定的时刻成为信息完全的游戏，但它们也将是总和不等于零的游戏，讨论永远不会由于赌注耗尽而停留在最低限度的平衡位置上。因为此时的赌注由知识构成（或者说由信息构成），而知识的储备就是语言的潜在陈述的储备，它是不会枯竭的。　一种政治显露出来了，在这种政治中，对正义的向往和对未知的向往都受到同样的尊重。

注释

211　我们不可能在此书的篇幅内分析各种合法化话语中叙事回归采取的形式，如开放系统话语、局部性话语、反方法话语，以及我们在误构一词下汇集的一切。

212　例如，诺拉和曼克把日本在信息方面取得的成绩归于日本社会特有的"社会共识强度"（《社会的信息化》，第 4 页）。　他们在结论中写道："广泛的社会信息化动力所通往的社会是脆弱的：它的建立是为了利于共识的取得，它假设了共识的存在，如果它不能取得这种共识就无法运转"（同上，第 125 页）。　斯图尔泽强调指出，目前这种破坏调节、破坏稳定、削弱行政管理的倾向，是由于社会对国家的性能失去信心而造成的（《美国与通讯战争》）。

213　采用库恩的意义，参见《科学革命的结构》。

214　波米杨证明，这种（通过灾变的）运作根本不属于黑格尔的辩证法，参见《灾变论与决定论》。

215   卢曼说："决策的合法化归根结底意味着一种学艺的
       情感过程，它应该不受任何干扰。 这是如下大问题
       的一个方面：愿望怎样才能改变？ 政治和行政的子
       系统，既然它只是一个子系统，又怎么可能通过决策
       来重建社会的愿望呢？ 只有当这个环节能够在其他
       现存的系统中建立新的愿望时，它的行动才是有效
       的，不论这些系统是个人系统还是社会系统"（《通
       过程序的合法化》，第 35 页）。

216   我们可以在更早的一些研究中找到对这种假设的阐
       述，如里斯曼（D. Riesman）著《孤独的人群》，剑
       桥（马萨诸塞州），耶鲁大学出版社，1950 年；怀特
       （W. Whyte）著《组织的人》，纽约，西蒙-舒斯特出
       版社，1956 年；马尔库塞（H. Marcuse）著《单面的
       人》，波士顿，比肯出版社，1966 年。

217   雷伊-德博夫指出，在当代日常语言中，间接引语或
       自指意义的标志不断增多，不过她提醒说："间接引
       语是不可靠的"（《元语言》，第 228 页）。

218   但正如康吉昂（G. Canguihem）所说："人只有在符
       合多种标准时才是真正健康的，只有在超过正常时才

是真正健康的。"参见《正常与病理》（1951 年），收入《生命知识》，阿歇特出版社，1952 年，第 210 页。

219　戴维指出，社会只可能了解它在目前的技术环境状态中感觉到的那些需求，基础科学的特性就在于发现一些未知的事物，它们将改变技术环境并创造出无法预见的需求。他举的例子是用固体材料当放大器以及固体物理学的蓬勃发展（《研究》第 21 期，1972 年 3 月）。若兰批评了这种用当代技术"消极地调节社会相互作用"的做法，参见《技术神话》，载《企业杂志》第 26 期（民族科技专号），1979 年 3 月，第 49—55 页。作者在此文中还介绍了奥德里库尔（A. Haudricourt）的《文化科技方法论》，收入吉尔著《技术史》。

220　梅达沃对比了科学家的笔语风格和口语风格。笔语应该是"归纳性的"，否则就不会受到重视；关于口语，他把在实验室中经常听到的表达方式列成一个清单，上面有诸如"我的结果还没成为一个故事"之类的话。他总结说："科学家正在建造解释性结构，正在讲故事……"（《可溶解的艺术》）。

221 一个著名的例子可以参见费尔（L. Feuer）著《世代
的冲突》（法文版译为《爱因斯坦与两代人的冲
突》，布鲁塞尔，1979 年）。莫斯科维奇
（Moscovici）在他写的法文版序言中强调指出："相
对论诞生在'命运科学院'，这个科学院是由一些朋
友组成的，这些人中没有一个物理学家，只有几个工
程师和几个哲学爱好者。"

222 这是奥威尔（G. Orwell）的悖论。一个官员说："我
们不会满足于你们的消极服从，甚至不会满足于你们
最卑贱的屈从。当你们最终向我们投降时，这应该
出自你们自己的意志"（《1984》，法文版，第 368
页，伽利玛出版社，1950 年）。在语言游戏中，这
个悖论是由下面这样的句子表达的："你自由吧"或
"做你想做的事情吧"。瓦茨拉维克等人曾分析过这
个悖论，参见《人类交流语用学》，第 203—207 页。
还可参见萨兰斯基（J. Salanskis）的《矛盾和异质的
"同时"生成与"连续"生成》，载《批评》第 379
期，1978 年 12 月，第 1155—1173 页。

223 参见诺拉和曼克对法国社会中大众信息化必然造成的
张力的描述（《社会的信息化》）。

224 参见注 181。 关于开放系统的讨论，可以参见瓦茨拉
维克等人著《人类交流语用学》，第 117—148 页。
开放系统的概念是萨兰斯基的研究课题：《开放系
统》，1978 年（待出）。

225 在政教分离之后，费耶阿本德在《反对方法》中以同
样的"世俗"精神要求科学与国家分离。 但科学与
金钱是否也该分离呢?

226 这至少是理解这个术语的方法之一，它属于迪克罗的
问题（《说与不说》）。

227 哈贝马斯说："语言像变压器一样运转：……个人的
认知变为陈述，需求和情感变为规范的期待（命令或
价值）。 这种变化造成重大的差异，一边是企图、愿
望、快乐和痛苦的主观性，另一边是那些"追求普遍
性"的表述和规范。 普遍性意味着认知的客观性和
现行规范的合法性。 这种客观性和这种合法性保证
实际的社会世界可以形成基本的"共同体"（《晚期
资本主义中的合法化问题》，法文版《理性与合法
性》，第 23—24 页）。 我们可以看出，以这种方式界
定问题，把合法化问题限制在一种答案中，即限制在
普遍性中，这一方面先设了认知主体合法化与行动主

体合法化的同一性，违背了康德的批判，康德区分了
概念普遍性与理念普遍性（"超感觉自然"），前者
属于认知主体，后者属于行动主体；另一方面，哈贝
马斯把"共识"当成了人类生活唯一可能的视野。

228 同上，第 22 页。显然，规定的元规定，即法律的规
范化，从属于"辩论的对话"："追求有效性这种规范
化本身是认知性质的，因为它不断假设自己可能在一
次理性的讨论中得到承认"（第 146 页）。

229 科尔蒂昂（G. Kortian）批判地考察了哈贝马斯的这
种"启蒙"思想，参见《元批评》第 5 章（子夜出版
社，1979 年）和《哲学话语及其对象》（载《批评》，
1979 年）。

230 参见普兰的《走向交流的核语用学》。关于希尔勒和
盖伦的语用学的更广泛的讨论，可以参见普兰的《言
语语用学与生活语用学》，载于《Phizéro》第 7 期，
1978 年 9 月，蒙特利尔大学，第 5—50 页。

231 参见特里科（Tricot）等人著《信息学与自由》（提交
政府的报告），法国文献出版社，1975 年；儒瓦内
（L. Joinet）著《信息学的"扼杀自由陷阱"》，载
《外交世界》第 300 期，1979 年 3 月（这里的陷阱是

指"社会剖面"技术在民众管理中的应用和社会自动化引出的安全逻辑）。还可参见《相互影响》第1—2期（1974年冬和1975年春）刊登的资料和分析，其主题是建立多媒体大众交流网络，如业余无线电广播（特别是它在魁北克1970年10月的解放阵线事件中以及在1972年5月的共同阵线事件中所起的作用）、美国和加拿大的团体无线电广播、信息学对报刊编辑工作条件的影响、私设电台、行政文件、IBM的垄断、信息专家的破坏等。伊韦尔顿（沃州）市政府在投票决定买一台计算机之后（1981年使用），颁布了一些规定，如收集哪些数据的决定权属于市议会，还规定了这些数据在什么条件下可以告知谁：任何公民提出申请都可获得这些数据（需付款）；任何公民都有权了解关于自己的文件数据（约有五十种），有权修改，有权向市议会或者向国家行政法院提出抗议；任何公民都有权在提出申请后了解关于自己的哪些资料被传递出去了，有权了解传递给了何人（《传媒周报》第18期，1979年3月1日，第9页）。

棱镜精装人文译丛

丛书主编 张一兵 周宪

致 D:情史

〔法〕安德烈·高兹

论诱惑

〔法〕让·波德里亚

战争与电影

〔法〕保罗·维利里奥

关于电视

〔法〕皮埃尔·布尔迪厄

后现代状态

〔法〕弗朗索瓦·利奥塔尔

美国

〔法〕让·波德里亚

批评与临床

〔法〕吉尔·德勒兹

电影书写札记

〔法〕罗伯特·布列松

海德格尔自述

〔德〕马丁·海德格尔

艺术的共谋

〔法〕让·波德里亚

致命的策略

〔法〕让·波德里亚